よくわかる教職シリーズ

介護等体験 安心 ハンドブック

庄司 和史 著

はじめに

このテキストを利用する学生のみなさんへ

　介護等体験は、「小学校及び中学校の教諭の普通免許状授与に係る教育職員免許法の特例等に関する法律」で定められた活動です。みなさんが小学校や中学校の教員免許状の交付を都道府県の教育委員会に申請する際には、大学が発行した単位の取得証明書等の書類と共に、社会福祉施設や特別支援学校が発行した介護等体験の証明書の提出が求められます。介護等体験は、教育実習とは異なり大学が認定する単位ではありません。免許状を取得するみなさん一人一人が自分の責任で実施するものです。

　みなさんの中には障害のある子供の教育や社会福祉分野への進路を目指している人もいると思いますが、たぶん多くの人は、小学校や中学校の教員を目指しており、障害や福祉とはそれほど大きくは関連しない分野へ進むのではないかと思います。また、これまで障害や福祉の問題について系統的に学んだことのある人も多くはないと思います。ところが、実は、私たちの暮らす社会は、障害や福祉の問題と切り離すことはできない社会です。とくに子供の教育に携わる教員は、障害や福祉に関する基本的な知識や姿勢を身につけておくことは非常に大切です。

　このテキストは、教員免許状の取得を目指す学生のみなさんの介護等体験がより有意義なものになるように、基本的事柄を中心にまとめてあります。障害をどう理解するか、社会福祉とは何か、障害のある子供の教育はどのような理念のもとに行われているかといった基本的知識と共に、体験活動を行う上での諸注意や手続き等についても触れています。

　この体験活動は、わずか社会福祉施設5日間、特別支援学校2日間の合計7日間の活動ですが、事前の準備を確実に行い、真剣に、また積極的に取り組むことによって、学びは一層深くなるはずです。

介護等体験の事前指導・ガイダンス等を担当する教員・職員へ

　介護等体験が法的に必須の活動として義務づけられてから、20年になります。本文の中でも触れますが、学生の活動では、様々な問題が発生することは、いわば当然のこととも言えますが、介護等体験は、一層問題発生のリスクが高いとも言えます。1997年11月の文部科学省通達（文教教第二三〇号）によれば、介護等体験特例法の制定趣旨は、「義務教育に従事する教員が個人の尊厳及び社会連帯の理念に関する認識を深めることの重要性にかんがみ、教員としての資質の向上を図り、義務教育の一層の充実を期する」とされています。つまり、この体験活動の目的は、あくまでも教員の資質向上の一環であり、介護等のスキルや知識を学ぶことではありません。したがって、学生にとっては、教育実習などの大学の課程の中で実施する実習とは異なり、目的意識を持つことが極めて難しい活動となっています。

　筆者が実施した学生への事前アンケートでは、不安が大きい29％、どちらかと言えば不安が大きい53％となっており、不安を感じている学生が非常に多いことが分かります。また、不安の理由については、経験がない、という回答が多く見られます。一方、「貴重な機会にしたい」「自分の視野が広がる」「やりがいを感じる」などという期待感も大きく持っています。

　ですから、事前指導では、学生に、いかに目的意識を具体的に持たせ、モチベーションをあげるかというところが大切になります。

　制度的に、大学がかかわるのは、申込等を仲介することや事前指導を行うことという点に絞られてくる活動ですので、積極的に介入することはなかなか難しい側面もありますが、学生の教職の学びを進めるためには、この体験活動は非常に重要なものであり、他の教育臨床学習、教育実習や教職実践演習等につながるものとなります。

はじめに　　3

contents

02 はじめに

07 第1章 ● 介護等体験の意義

08 01 介護等体験の概要
10 02 教師の仕事と介護等体験の関連
13 03 介護等体験の大まかな流れ

15 第2章 ● 人間の障害をどう理解するか

16 01 ノーマライゼーションの理念
16 1. 差別と排除の歴史の中で
17 2. ノーマライゼーション
19 02 障害とは何か
19 1. 世界保健機関（WHO）による障害の考え方
22 2. 障害によって起こる問題
23 3. 障害の理解と受容
26 コラム❶ 新生児聴覚スクリーニングと親の心情

29 第3章 ● 介護等体験で出会う主な障害

30 01 基本的な注意
30 1. 障害のある人とかかわるとき
31 2. 高齢者とかかわるとき
32 02 主な障害の理解
32 1. 視覚障害

34	2. 聴覚障害
37	3. 知的障害
39	4. 肢体不自由
41	5. 病弱・身体虚弱
43	6. 発達障害
45	7. 場面緘黙症（情緒障害）
47	8. 認知症
50	コラム❷ 重複障害は「足し算ではなく掛け算」

51　第4章 ● 社会福祉に関する基礎的な事柄

52　01　社会福祉の理念

| 52 | 1. 基本的人権と社会福祉 |
| 55 | 2. 社会福祉とは何か |

56　02　社会福祉の内容

56	1. 児童福祉
60	2. 高齢者福祉
62	3. 介護保険制度
65	4. 障害者福祉

69　第5章 ● 障害のある子供の教育

70　01　特別支援教育の基本的な考え方

70	1. サラマンカ声明
70	2. 特別支援教育の理念
71	3. インクルーシブ教育

72	**02　特別支援学校の教育**
72	1. 障害児教育の歴史から
73	2. 特別支援教育システムでの特別支援学校
74	3. 特別支援学校の教育課程
76	4. 特別支援学校の三つの役割
78	コラム❸「教場啞」の指導

79　第6章 ● 体験活動の実際

80	**01　申し込みから準備まで**
85	**02　体験活動当日の注意**
87	**03　体験活動後**
89	**04　体験活動のポイント**
93	**05　もしも困ったことがあったら**
96	**06　成功の秘訣**
99	**07　体験活動の例**
99	1. 特別支援学校での体験活動例
100	2. 社会福祉施設での体験活動例
	（高齢者デイサービス施設での例）
101	**08　介護等体験レポート**

111	おわりに
112	〈文献一覧〉
113	〈参考資料〉

第1章
介護等体験の意義

　ここでは、介護等体験とはどのような体験活動かということについての概略を学びます。とくに、なぜ、このような体験活動が義務づけられているのかについて、教師の仕事との関係から考えてみます。体験活動を行うみなさんそれぞれが、自分なりの目標を持って介護等体験に望むということがとても大切です。

01 介護等体験の概要

法律で定められた必須の活動

　介護等体験は、1998年4月に施行された「小学校及び中学校教諭の普通免許状授与に係る教育職員免許状の特例等に関する法律」（以下、介護等体験特例法）に基づいて、小学校や中学校の教員免許取得希望者に対して義務づけられた体験活動です。これは、教育実習とは異なり、大学の認定する単位ではありませんが、小・中学校の教員免許状を取得する場合、これを行わないと単位がすべてそろっていても教員免許状は交付されません。体験活動を行うと、活動を行った施設や学校から証明書が発行されます。この証明書の原本を教員免許状授与申請の際、提出することが必要です。

　巻末の参考資料の中に、介護等体験特例法と関係法令を掲載してありますので、一度目を通しておきましょう。

介護等体験の内容

　小学校、中学校の免許状を取得する人は、社会福祉施設や特別支援学校などにおいて、文部科学大臣が定める期間（7日間）、介護等の体験を行わなければなりません。7日間の内容は、社会福祉施設等5日間、特別支援学校2日間とすることが望ましいとされています。

　「介護等の体験」というと、介護や介助といった直接援助する活動をイメージするかもしれませんが、介護等体験では、これ以外にも障害のある人や高齢者等の話し相手になったり、散歩の付き添いを行ったりするよう

な交流、触れ合いの体験、あるいは、清掃や洗濯、食事の配膳といった施設や学校で行われている多種多様な体験が含まれ、実際には、介護等の体験を行う者の知識や技能の程度、受け入れ施設の種類、業務の内容・状況等に応じて幅広い活動が想定されています。

どこで体験するのか

　高齢者や障害者が利用する社会福祉施設と障害のある子供が通う特別支援学校で体験活動を行います。

　まず、体験活動ができる社会福祉施設は、介護等体験特例法の施行規則によって以下のように定められています。

1）児童福祉法……乳児院、母子生活支援施設、児童養護施設、障害児入所施設、児童発達支援センター、児童心理治療施設、児童自立支援施設
2）生活保護法……救護施設、更生施設、授産施設
3）社会福祉法……授産施設
4）老人福祉法……老人デイサービスセンター、老人短期入所施設、養護老人ホーム、特別養護老人ホーム
5）介護保険法……介護老人保健施設
6）独立行政法人国立重度知的障害者総合施設のぞみの園法……国立重度知的障害者総合施設のぞみの園が設置する施設
7）障害者の日常生活及び社会生活を総合的に支援するための法律……障害者支援施設、地域活動支援センター
8）その他

　また、特別支援学校は、全国に国公私立合わせて1,114校あります（2015年5月現在）。特別支援学校が対象とする障害領域は、視覚障害者、聴覚障害者、知的障害者、肢体不自由者、病弱・虚弱者の5領域となっており、特別支援学校には、これらの障害領域ごとの学校と、これらの障害を複数対象とする特別支援学校があります。

02 教師の仕事と 介護等体験の関連

教員としての資質の向上

　介護等体験特例法第1条では、この体験活動の趣旨が次のように示されています。

> 　義務教育に従事する教員が個人の尊厳及び社会連帯の理念に関する認識を深めることの重要性にかんがみ、教員としての資質の向上を図り、義務教育の一層の充実を期する観点から、小学校又は中学校の教諭の普通免許状の授与を受けようとする者に、障害者、高齢者等に対する介護、介助、これらの者との交流等の体験を行わせる措置を構ずるため
>
> （介護等体験特例法第1条より）

　教師という仕事では、工場で規格品を生産するといった仕事とは異なり、一人一人個性をもち、多様な環境の中で生活する子供たちと正面から向き合いながら、共感の心をもって個々に対応した指導や支援を行うことが必要です。こうした個々の理解は、例えば、障害のある人もない人も共に生きるという、ノーマライゼーションの思想をもとにしています。現代は、こうした「共生」という視点をどのように自分自身が理解し、現実の教育活動や社会的な行動で示していけるかが、教師の資質として問われている時代です。

　そこで、介護等体験特例法では、教員志願者には、高齢者や障害者に対する介護等を体験することを通して、一人一人に応じる姿勢を身につけ、

人の心の喜びや痛みが分かり、各人の価値観の相違を認められる心をもった人になってほしいという願いから、体験活動を義務づけているというわけです。

ボランティア活動・教育実習との違い

　介護等体験とボランティア活動は、活動の内容が似ている面はありますが、ボランティア活動は、本質的には自発性に基づいて行われるもので、一方、介護等体験は、法律で決められている活動ということになりますので、意味合いは異なっています。しかし、体験を通して学ぶ、という意味で、この介護等体験においても、自分自身が主体的に「何を学ぶか」を考え、積極的に行動することが求められています。自分がこの体験を通して何を学ぶかということを明確にしないと、いったい何をした体験活動なのかが曖昧になってしまいます。

　また、教育実習は、教育についての理解を一層深めると共に、その実践力を身につけ、教育者としてふさわしい資質・能力を育成することを目的としています。ですから、その内容は学級経営、研究、学習指導、校務分掌など、教育実践に直接かかわる内容です。それに対して介護等体験は、教育だけではなく、福祉の分野にも関係し、内容としても介護・介助・交流など直接人とかかわる体験と、それ以外の清掃・環境整備などの間接的な体験と、幅広く経験するものとなっています。

学び続ける教師として

　一般に、教師の仕事は、教科の指導を行い、あるいは部活を担当したり、生徒指導を行ったりすると考えられています。それは、大筋では正しいことですが、こうした仕事をするためには、様々な準備をしなければなりません。例えば、教師が授業を行うためには、生徒の現状の学力の状態を評価し、学習指導要領に基づいて作成された学校の教育課程に沿って、指導のねらいや内容を明らかにし、教材研究を重ね、授業展開や板書の計画を行い、さらに課題学習を含めて複雑な指導計画を練っていくことにな

ります。ですから、教師は、教師として仕事をする限り、常に研鑽を重ね、研修を続けていくことが必要な職業です。
　それは、自分の担当する教科や授業に関する研修はもちろんですが、生徒指導に関する研修や発達障害に関する研修、あるいは教育相談やカウンセリングに関する研修なども欠かすことはできません。さらに、学級担任になって学級経営をしなければならないとなると、生徒との信頼関係を作り、生徒同士の関係を育て、また保護者との懇談、参観日や保護者会の計画、学年行事や全校行事への参加、そして不登校やいじめの問題への対応等々、仕事は枚挙にいとまがないほどです。
　これらは、すべて子供の教育にかかわる仕事です。こうした子供の教育にかかわるたくさんの仕事の中で、教師は、常に、人間とは何かについて考えることが求められていきます。そして、自分が教師として、どのように子供たちに接するのか、つまり、子供を教育するときの基本となる姿勢とはどういうものなのかについて考えることが求められていきます。
　言い換えるなら、教師には、一人一人の人権を尊重し、共生社会の構築にかかわる社会的責任があります。一人一人別々の個性を持ち多様な環境の中で生活する子供と正面から向き合い、共感する心を持って個々の子供に対応した指導や支援を行うことが教師の仕事です。

03 介護等体験の大まかな流れ

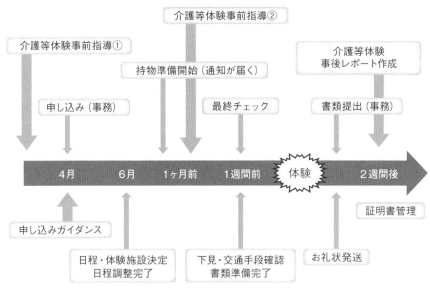

図1 介護等体験の大まかな流れ

1年間の流れを理解する

　介護等体験は、およそ図1のような流れで行います。申し込み方法、準備、体験活動後の詳しいことは、第6章で説明していますので、必ず確認しておきましょう。事前指導は、体験活動を実際に行う前の年度から始まる場合もありますので、注意が必要です。

まず心得ておくこと

　第一に、介護等体験の目的を十分に理解することが大切です。このテキストを読み進めると、何度か同じようなキーワードが出てきます。それは、ノーマライゼーション、共生社会、基本的人権、人間の尊厳といったものです。繰り返しているのは、それだけ重要なことだからです。

　例えば、ノーマライゼーションの思想は、私たち人類が目指す理想の社会にかかわるものです。人間には、差別感や嫉妬心を持ってしまう性質がありますが、理想の社会を目指そうという意思を強くもつことで、その性質を制御し自らを変えていけるという面もあるものです。介護等体験はこうした姿勢を身につけるために行うと考えてください。

　「障害は個性である」というとらえ方があります。ICF（国際生活機能分類）では、人間の生活や健康を「身体構造・身体機能」「活動」「参加」の三つの側面から考え、これらの障害は個人因子や環境因子によって起こるものであるとしています（**図3**参照）。病気や体の障害は、生活に大きく影響を及ぼしますが、単に症状の重さだけではなく、本人を取り巻く環境によって障害の大きさは異なるというように理解することが大切です。そういう意味では、障害は個性だというとらえ方だけでは、見えない部分も生じてくると言えるでしょう。

　社会福祉施設や特別支援学校には、様々な生き方や障害という個性をもった人たちが生活や学習をしています。介護等体験は、実際にそのような人たちと交流をもつことを通して、自己や他者の理解を一層深めて、多様な個性や生き方を認めることができる教師としての姿勢を身につけるための体験活動です。

課題1

　この介護等体験を通して具体的にどのようなことを学びたいと思うか、自分なりに目的をまとめてみよう。

第2章
人間の障害をどう理解するか

　ここでは、介護等体験にかかわる基礎的な知識として、ノーマライゼーションの理念の成立や人間の障害とは何かについて学びます。ノーマライゼーションは、社会福祉の基本理念となるもので、広辞苑では「障害者が地域で普通の生活を営むことを当然とする福祉の基本的考え。また、それに基づく運動や施策」と説明されています。しかし、この説明だけでノーマライゼーションを十分に理解することは難しいでしょう。曖昧で抽象的な理解にとどまるのではなく、例えば、「障害」とは何か、「普通」とは何かなど、一つ一つを丁寧に考えることが必要です。

01 ノーマライゼーションの理念

1. 差別と排除の歴史の中で

・

　障害のある人の歴史は、差別と排除の歴史だと言っても言い過ぎではありません。例えば、生まれたばかりの赤ちゃんを殺す「嬰児殺し」は、古代から世界中で行われていたと言われますが、子供の障害は、その様々な理由の一つだったと考えられます。わが国では、古事記に、伊弉諾（イザナギ）と伊弉冉（イザナミ）の最初の子供について、「水蛭子　此子者入葦船而流去」（御子水蛭子をお生みになりました。この子はアシの船に乗せて流してしまいました。）[1] という記述がありますが、「蛭子（ヒルコ）」は不具の子、すなわち生まれながらに障害を有した子供であったとされます[2]。

　一方、古代の遺跡などからは、障害のある人をケアしながら共に生活していたという証拠も発見されており、わが国においても、北海道の入江貝塚では、ポリオ（小児麻痺）で寝たきりの生活だったと思われる縄文時代の女性の遺骨が見つかっています。

　障害のある者に対する差別や排除の実態は、古代から現代に至るまで、延々と続く、人間社会の大きな問題ですが、一方で、人間が、そうした社会的な弱者をケアしようという慈愛の心をもっているという事実も、歴史の流れの中で知っておく必要があるでしょう。

2.ノーマライゼーション

•

ノーマライゼーションとは

　まず、「障害がある」ということはどういうことか、考えてみましょう。障害は、病気と似ている側面がありますが、普通、私たちが思い浮かべる病気というのは、ある程度の期間休んだり、薬を飲んだりすれば治るものとも言えます。しかし、障害は、ほぼ一生その人にかかわり続けます。一番にはそういう違いがあります。生まれつきの障害だとすると、生まれてから死ぬまでの一生涯、障害はその人と共にあるとも言えるわけです。

　現在、ノーマライゼーションを理解する上で重要な考え方は、デンマークのバンク・ミケルセン（Bank-Mikkelsen, N. E.）の次のような言葉だと言われます[3]。

　　いわゆるノーマルな人にすることを目的としているのではなく、その障害を共に受容することであり、彼らにノーマルな生活条件を提供すること

　このことを障害のあるＡさんを例に考えてみましょう。まず、ノーマライゼーションは、Ａさんの症状を治して障害のない人と同じようにすることを目的とするものではないということです。つまり、Ａさんの障害は、単にＡさん個人の中にある身体構造や心身機能の異常という側面だけでとらえないということです。

　次に「共に受容する」ですが、障害のあるＡさんとＡさんにかかわるすべての人が一緒に、その障害について「あるがまま」「共に」受け止めていくことの重要性を示しています。

　そして、その上で、「彼ら」すなわちＡさんなど障害のある人たちに対して「ノーマルな生活条件」、つまり、障害のある人もない人も共に、普通に生活できるための「条件」を提供していくことです。例えば、段差のある入り口などにスロープを設置すると、車椅子の人も他の人と同じよう

第2章 ● 人間の障害をどう理解するか　　17

に通行することができるようになりますが、そうした条件を具体的に整えることがノーマライゼーションの考え方だということです。

ノーマライゼーションの誕生

ノーマライゼーションの誕生に際しては、19世紀から20世紀にかけてのいくつかの重要な報告があったとされています[3]。例えば、1853年にはスウェーデンの施設に関して「かびの生えたベッドに横たわる生活を、精神病者のサナトリウムは、少なくとも常に不潔で不愉快な寄生虫がいること……精神薄弱児、白痴が、今後もこれまでのように、少しずつ死んでいく……」といったソンデーン・レポートと言われる報告がありました。

また、先に挙げたバンク・ミケルセンは、20世紀の初期のデンマークの現状を、「戦後になっての処遇は、隔離的また保護主義の色彩のつよいものでした。なかには1500床以上にもなる巨大施設もあり、どの施設も知的障害児者を極端なほどおおぜい詰め込んでいました。そのような物理的条件の粗悪さばかりでなく、優生手術を無差別に実施するような、質的にも劣悪な処遇をしていました。」[3]と報告しています。

アメリカでは、1960年代にバートン・ブラット（Burton Blatt）とフレッド・カプラン（Fred Kaplan）が写真集「Chrismas in Purgatory」[4]を出版しました。これは、「煉獄のクリスマス」という題名ですが、その中で「私たちは次のように結論づけた。ここが"生きている死者の地"だと判断するためには、科学的背景や多くの観察は必要ない。どのように偽装されているかにかかわらず、私たちが糞の丘に遭遇したことを認識するには、多くの想像力や敏感な鼻を必要とはしない。施設のたくさんの合理化されたものは、非常に残酷で、非人道的な扱いを軽減するものではなかった。」（筆者訳）と述べています。

こうした世界的な動きから、障害者雇用検討委員会報告（スウェーデン、1946年）、デンマーク1959年法（デンマーク、1959年）、精神遅滞者援護法（スウェーデン、1967年）と、ノーマライゼーションの理念が法制度として整備されていきます。

02 障害とは何か

1. 世界保健機関（WHO）による障害の考え方

WHOによる国際生活機能分類（ICF）

　障害とは何かについては、世界保健機関（WHO）の国際生活機能分類（ICF）による考え方を知ることが重要です。これは、2001年に示されたものですが、WHOは、それよりも前の1980年に国際障害分類（ICIDH）を示しています。ICIDHは、障害は、生理学的レベルの異常ととらえるのではなく、何ができないかという能力の問題、そしてどのような不利を被っているかという社会的な問題というように多面的に見ることを示したものです。とくに個人に生じている障害（医学モデル）から社会に生じている障害（社会レベル）の考え方を世界的に共有していく意味がありました。一方、ICIDHでは、障害の起こる要因が明確に示されておらず、社

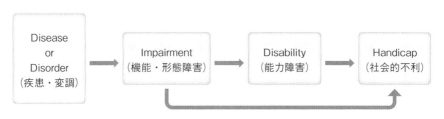

図2　ICIDH：国際障害分類（WHO, 1980）の概念図

第2章 ● 人間の障害をどう理解するか　19

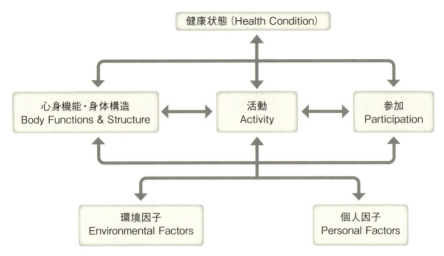

図3 ICF：国際生活機能分類（WHO,2001）生活機能構造モデル

会モデルが重要視されたにもかかわらず個人要因に帰結しがちで、マイナス面が強調されていた傾向もありました。

　そこで、示されたのが、2001年のICFでした。ICFでは、まず人間の健康状態が定義されています。私たちは、「健康」というと身体や心の状態について考えがちですが、ICFでは、ICIDHの多面的な視点を引き継ぎ、人間の健康は、心身機能や身体構造という側面の他、活動と参加の二つの側面を加え、三つの側面から規定されるとしています。そして、その健康状態が、環境因子または個人因子で損なわれた状態が障害であるとしています。ICIDHとICFの概念図を、それぞれ図２、図３に示しましたので、具体的な障害を当てはめて考えてみてください。

ICFの考え方を具体的にみると……

　視覚障害を考えてみましょう。視覚障害には様々な医学的な原因があり、症状も様々です。その人個人の視機能に異常があるために障害が生じています。しかし、見えないこと、あるいは見えにくいことによってその

人の活動状態はどうなっているのか、例えば、生活行動の自立の状態など
を具体的に把握しないと、その人にとっての困難は具体的には分かりませ
ん。また、その人が社会参加をしていくために、どのような問題が生じて
いるかという視点も必要になります。心身機能や身体構造の異常だけでは
その人に生じている障害の本質は分からないということになります。

　また、体に重度の障害があって自立歩行ができないという状態の人がい
るとします。その人は、運動機能としての歩行の面では異常があります
が、車椅子を自由に操り、どこへでも出かけていけるとします。飛行機や
列車を乗り継いだ旅行にだって１人で行けるわけです。そうした場合、確
かに体の面では障害があるとも言えますが、この人の全体的な健康状態
は、悪いとは言い切れません。しかし、同じ人でも、行きたい場所にはス
ロープがなく段差ばかりだったり、エレベーターなどがなかったりする
と、その人の活動には大きな制限が加わることになります。その結果、行
きたい場所に行くことができなかったという参加の制約が起こります。これ
れが環境因子によって健康な活動が損なわれた障害の実態です。

　もう一つ、難聴の場合を考えてみましょう。耳が聞こえない、聞こえに
くい、という心身機能や身体構造の問題だけではなく、そのことによって
友だちとのコミュニケーションができない、とか、教師が話す連絡事項が
伝わってこないといった問題が生じます。また、授業では、いろいろな口
頭の説明がはっきりと聞こえなくなり、それは、学習が保障されないとい
う問題が生じていることになるわけです。つまり、軽度や中等度の難聴
は、身体的な機能の側面から言うと単に聞こえにくい状態にすぎず、一対
一の日常のコミュニケーションにそれほど大きな支障がないかもしれない
のですが、ICFの活動や参加の側面から見ると、情報が入らない状態、つ
まり「聞こえない」状態であると言えるわけです。

第2章 ● 人間の障害をどう理解するか　21

2. 障害によって起こる問題

●

三つの要素から問題の大きさを考える

　もう一つ、違った角度から障害を考えてみます。図4は、「話しことばの"問題"の図」[5]と言われているものです。箱の体積が問題の大きさを表すのですが、これは、3辺であるx y zの長さで決まります。xは、言葉の障害そのものです。例えば、言語障害の中で吃音という障害があります。これは、言葉を話すときの流暢性の障害です。吃音症状が激しいとxは大きくなります。しかし、吃音による問題の大きさは、その症状の程度、すなわちxの長さだけでは決まりません。吃音の問題は、まず、会話の相手である聞き手の反応によって生じるのです。例えば、聞き手が話し手の吃音症状に対して大きく反応するとyの長さは大きくなります。しかし、どんなに激しい症状でも、その症状ではなく、話の内容に応じていたならyは限りなく0に近くなるでしょう。問題の大きさは、x、すなわち吃音症状の程度ではなく、聞き手の反応であるyによって決まると考えることができます。そして、もう一つの重要な要素はzです。zは本人の反応です。本人が自分自身の吃音についてマイナスにとらえているとzは大きくなります。しかし、たとえ吃音が出たとしても意欲的に行動し、自分の思いを積極的に話そうとするという姿勢があれば、zは小さくなります。

　言語障害を例に説明しましたが、この考え方は、他の障害などに当ては

x = 話しことばの特徴
y = 聞き手の反応
z = 話し手の反応

図4　話しことばの"問題"の図（教室の言語障害児より）

めることもできるものです。障害によって生じる問題の大きさは、医学的、生理学的な障害の程度だけでは決まらないということが分かると思います。

3.障害の理解と受容

・

私たち自身の問題として

「障害を理解する」とか「障害を受容する」ということは、私たちが障害について知り、それをどのように自分の中で納得していくかということについての表現として使用されます。「理解」というのは、辞書によると「物事の道理や筋道が正しく分かること、意味・内容をのみこむこと」また「他人の気持ちや立場を察すること」と示されおり、「受容」は「受け入れて、取り込むこと」とされています。「障害理解」も「障害受容」も、障害のある当事者本人の問題であると共に、障害のある人とかかわる周囲の人たち、すなわち私たち自身の大きな課題です。

障害理解

「障害理解」は、客観的な側面です。この客観的側面は、2通りあると考えられます。第一には、科学的な知識を持つということです。例えば、人間の身体的な構造や機能を生理学的に知り、本来の状態に比べて異常である部分や原因を病理学的に理解することです。また、心理学的に、情報に対する処理や反応の仕方の仕組みを理解し、異常の状態を知るということも「理解」においては重要になります。第二には、障害のあるその人の思考や感情を知ることです。障害があるために困難に直面しているその人がどのようにそのことを考え、感じるかということを、その人の立場に立って、あたかも自分のことのようにとらえようとすることという「理解」です。

第2章 ● 人間の障害をどう理解するか　23

非常に詳細で科学的な知識をたくさん持っていても、障害のある人本人の思考や感情が分からないと、障害を理解したことにはならないですし、その逆も言えます。障害は、異常の状態だけを意味するのではなく、活動や参加が制限される状態を引き起こすものです。したがって、障害に対する配慮や支援は活動や参加の制限・制約がどうすれば改善されるかという視点で検討され、環境に対しての働きかけと個人に対しての働きかけが実施されるというものです。例えば、リハビリテーションや機能訓練は、個人に対する働きかけであり、バリアフリーは環境に対する働きかけであると言えます。こうしたリハビリテーションやバリアフリーを考えるとき、当事者の考えや気持ちをいかにくみ取り、尊重していくかがとても重要な課題になります。本人の意思が十分に尊重され、生活や学習の意欲を喚起することができれば、リハビリテーションは成功へと進んでいきます。つまり、障害を理解することには、当事者の思考や感情を、その人の立場に立ってとらえることができるかということが含まれています。

障害受容

　「障害受容」は、障害があるという事実をありのままに受け止め、自分の中に取り込むことです。「理解」の過程で、客観的に知識をもち、その人の気持ちや立場を思い描くことができても、その事実をありのままに受け止めることができず、否定したり、誇張したりしているとすると、生活や学習上の困難の実態が正確に把握されず、適切な配慮や支援が行われないということも生じます。「受容」の問題は、障害のある本人とその周囲でかかわる人たちにとって、重要な課題です。

　ここでは、第一に、障害のある人の親やきょうだいといった身近な関係の人が、その人に障害があるということを事実として受け止めていくときのことを考えてみます。「受容」が成立する鍵は、いかに事実をありのままに受け止められるかということです。誇張せず、過小もせず、あるいは修飾もせずにそのまま受け止めること、これは、身近な家族にとっては非常に困難なことだとも言えます。とくに最初に障害の告知を受けた直後、

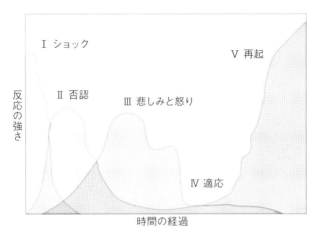

図5　先天性奇形の子の誕生に対する正常な親の反応の継起を示す仮説的な図（ドローターの図）

　大きなショックを受け、悲しみに暮れるということは、経験のない者にとっても、容易に想像できることです。こうした障害の受容過程について、D.Drotar[6]は、「先天性奇形の子の誕生に対する正常な親の反応の継起を示す仮説的な図」を示しています（図5）。これは、「ドローターの図」と言われ、親の障害受容の段階説として代表的なものです。これは、現在、先天性奇形の障害だけではなく、様々な障害に共通していると考えられています。

　また、S. Olshansky[7]は、障害のある子供の「大多数の親は慢性的な悲哀に苦しんでいる」とし、専門家自身もこの慢性的悲哀に気づかずにいると述べています。このことについて、中田[8]は、「障害のような終結することがない状況では、悲哀は常に内面に存在」し、「悲哀は表面にいつも現れているわけではなく、ときどき再起するか、周期的に再燃する」もので、それは「問題の悪化だけではなく、家族のライフサイクルで起きる普通の出来事、例えば就学、就職、結婚、老齢化などがきっかけになることが多い」と解説し、悲哀の状態は螺旋階段のように現れたり隠れたりすることから、障害受容の過程を「螺旋系」と表現しています。

コラム❶
新生児聴覚スクリーニングと親の心情

　現在、先天性の聴覚障害は、生後1週間以内にスクリーニング検査が行われ、月齢4〜5か月で確定診断されることが多くなっている。しかし、生まれて間もない段階で告知を受ける親にとっては、わが子の障害の受容は大きな課題となっている。以下は、スクリーニング検査開示から確定診断までの期間の親の心情について、筆者[9]が実施したアンケート調査の自由記述の抜粋である。わが子に障害があることが分かった親のショックや悲しみは計り知れないものである。

●**出生直後に難聴の疑いが示されたとき**
　・胸がザワザワして説明されたことがほとんど耳に入ってこなかった。
　・地に足が付いていない感じでフワフワとした感じがした。
　・医師は毎日いろいろな子供の検査をしていると思うが、初めて子供を産んだ自分としては、きちんと内容を教えてほしいと思った。
　・説明を受けたが、意味がよく分からなかった。
　・耳が聞こえることは当たり前だと思っていたので、検査の結果を、どう受け止めて良いのかが分からなかった。
　・自分のした悪い事などのしっぺ返しかとも思ったりした。

●**生後2〜3か月のころ、精密検査を受ける前**
　・この時期が精神的に一番辛かった。
　・声を掛けても無駄なのかと思った。
　・周りの人たち誰もがみんな幸せそうに見えた。
　・大きな音を出して反応を確かめてばかりいた。
　・間違いだろうと思い、あまり考えないようにしていた。
　・難聴ではありませんという検査結果を期待した。
　・必ず聞こえているはずと信じて生活していた。

●**生後5〜6か月のころ、精密検査で難聴を告知されたとき**
　・生まれてきた子供に申し訳ないと思った。
　・医師の説明がよく理解できなかった。
　・何が原因なのだろうと悩み続けた。
　・難聴だということが分かって、生活の中での試してしまうことから解放された気持ちになった。
　・「よし！頑張ろう！頑張るしかない！」という気持ちがした。
　・早く補聴器をつけ、子供に自分の声を届けてあげたかった。

障害のある本人の認識、自己認識の問題

　障害のある本人にとっての障害理解、あるいは障害受容という精神的な側面は、「障害認識」と表現されることが多くあります。とくに、生まれながら障害がある場合、自己認識の発達過程で、自らの障害と向き合っていくことが求められることになります。そのため、本人がどう自分の障害を認識するかという問題は、「理解」や「受容」という客観性だけではなく、自己理解というアイデンティティー形成の側面から考えていく必要があります。障害のある人のアイデンティティー形成は、特別支援教育の重要な課題の一つでもあり、教育課程の中の「自立活動」領域の指導内容に含まれていきますが、このことについては、このテキストでは詳しく触れません。障害の有無にかかわらず、自己認識の問題は、他者認識とも深く関連し、各発達段階の発達課題を達成しながら少しずつ育っていくものです。そういう意味で、客観的な側面が要求される「障害理解」「障害受容」とは分けて考える必要があるとも言えるでしょう。

教職を目指す者としての障害理解と障害受容

　教職を学ぶみなさんにとって、障害を理解することや障害を受容することは、障害のある子供を支援するときの出発点であると言えます。しかし、障害の理解は、これまで述べたように単に知識的なことではなく、人間理解の側面が大きいものです。人間理解という面から考えると「障害理解」には到達点はないとも言えます。

　私たちは、普段の人間関係で、相手のことが分かるほど、自分とは違う部分が明確になってしまい、「理解しがたい」と感じることがあります。障害理解は、それと似ているとも言えます。

　また、「障害受容」は、揺らぐものです。新たな知識、情報を得て、障害理解が進むと、そのことを自分の中で受け止めていく必要性が生じます。そのため、その度ごとに「受容」が課題になるという側面があります。また、障害の状態は、環境の変化によって実際に起こる問題が変化していくものです。そのことを常に受け止めていくことが必要になるので、揺ら

第2章 ● 人間の障害をどう理解するか　　27

ぎながら「受容」が進むと言えるのです。

介護等体験での障害のある人たちとの出会いを通して

みなさんは、介護等体験を通して、多くの障害のある人たちと出会うことになります。みなさんにとって、まず必要なのは、様々な障害名やそれらの特徴を知識としてもつことではなく、もっと大きく、人間にとって障害とは何かという視点から障害を理解しようとすることです。

また、短い体験活動では、個々の障害に対応する介護や教育の方法、技術を会得することはできません。障害がある人も、同じ人間として多くの人とのつながりの中で生きており、その生活の中で様々な思いを持ち、その思いを互いに表現したり理解したりしながら、自己実現を目指して活動しているということを知ることがもっとも大切なことです。

こうしたことを講義や本などで知るのではなく、体験的に学ぶということが介護等体験の大きな意味になりますので、ここでは、個々の障害の解説は、最低限のもののみ掲載します。詳しく知りたい人は、もう少し専門的なテキストをぜひ参照してみてください。

課題2－①
　WHOのICF（図3）について、いろいろな障害を当てはめて考えてみよう。とくに活動がどのように制限され、参加がどう制約されるかについて、環境の変化がどのようにかかわるかという視点で考えてみよう

課題2－②
　話しことばの"問題"の図（図4）について、言語障害以外の障害で考えると、どのようになるだろう。

第3章
介護等体験で出会う主な障害

　介護等体験では、様々な障害のある人に出会います。障害の種類も様々ですが、同じ障害でも軽度の人もいれば重度の人もいますし、人によって特徴も異なっていますので、必要な介護や介助の内容が異なっています。

　ここでは、まず、みなさんが出会うことが予想されるいくつかの障害を取り上げて概要を説明します。しかし、体験活動を行う上で最低限知っておいてほしいことにとどめてありますので、とくに生理学的、心理学的な内容にはあまり詳しく触れていません。一つ一つの障害を詳しく知りたい人は、ぜひそれぞれの障害の専門書をあたってください。

　また、それぞれの障害ごとに「かかわりのポイント」を示しました。これも体験活動の事前学習に必要なことです。しかし、実際に障害のある人とかかわるときは、「○○障害者」と一括りにせずに、その人が何を感じているか、どんなことを望んでいるかなどを察することができるよう、心がけてください。みなさんが学ばなければならないのは、障害のある人も私たちと同じように一人一人個性のある人間だということです。

01 基本的な注意

1. 障害のある人とかかわるとき

・

　人は誰でも得意なことと苦手なことがあります。障害もそのような個性の一つだととらえることもできます。しかし、実際には、個人の苦手な部分といった側面だけではなく、環境によって、まったく動けなかったり、まったく情報が入らなくなったり、あるいは完全に排除されることも起こるのが障害です。そのように考えると、個性とだけでとらえることはできないと言えます。つまり、障害を個性とだけとらえてしまうと、問題の本質を見失うことがあります。

　障害の理解は、「同じ」と「違う」の発見の積み重ねです。どんなことが異なっている「違い」なのだろう、ということだけでなく、障害があってもなくても共通している「同じ」を発見していくことが大切です。実は、これは、私たちが人とかかわり、親しい関係を築いていくことと共通しているとも言えます。

　どのような障害があっても同じ人間としての権利もあり、義務もあります。個々には、私たちと同じように思想や心情があり、プライドや欲求もあります。ですから、かかわるときは、同じ人間として、相手を尊重し敬意をもってかかわりましょう。

　人と人とのかかわりで一番重要なのは「相手を尊重すること」です。それがあれば、たとえ言葉がなくても通じ合い分かり合うという方向が見え

てきます。一緒に楽しんだり喜んだり、感情を共有することを第一に考え、また、表情、声、手、指さし、絵、文字、物、体全体など、いろいろな手段を使って、かかわりましょう

2.高齢者とかかわるとき

•

　介護が必要な高齢者といっても、認知症、車椅子の利用、半身麻痺、寝たきり等それぞれ状態が異なっています。介護の程度も、全介護から部分介護・要支援まで、それぞれのニーズによってまちまちです。また、利用者には、通所利用者と入所利用者があります。施設の種類よって対象年齢や利用方法が異なっていますので、注意しましょう。

　高齢になると、生活の中での動き方などがゆっくりになります。自分で動けていても体のいろいろな部分に障害や病気がある場合があります。寝たきりの場合は、いろいろな生活行動が1人で行えなくなります。しかし、どのように介助をするかは一人一人異なります。耳が遠い、目が見えにくい、といった感覚の機能が衰えていることも多くあります。

　年を重ねていくと衰えていく部分が出てくるというのは、人間にとって特別なことではありません。しかし、それを受け止めることが難しいというのも人間の特徴です。とくに特別な介護を受けなければならないという状態では受け止めは時間がかかるでしょう。利用者にとっては、「こんな施設に来たくはなかった」という気持ちでいることも多いかもしれません。高齢者理解では、こうした視点を持つことが欠かせません。

　介護施設は、利用者にとっての生活の重要な場です。周囲の人や環境が明るく快適に整えられていることが重要となります。明るくにこやかに、そして元気よく、高齢者に対して尊敬の念を持ちながらかかわるようにしましょう。

第3章 ● 介護等体験で出会う主な障害　　31

02 主な障害の理解

1.視覚障害

•

　視覚障害は、視力、視野、光覚、色覚といった視機能の障害です。視覚障害は、大きく、全盲というまったく目が見えない症状と、弱視（ロービジョン）という見えにくい症状に二分されます。

　全盲は、原因となる障害部位は様々ですが、視覚的情報を視覚から受けることはできない、まったく見えない状態です。そのため、聴覚や触覚など他の感覚器官を使っていろいろな情報を受容することになります。点字は、ひらがなやアルファベット一文字一文字が六つの点で表されており、全盲の人にとって読むための重要な文字であり、学校教育でも欠かせません。

　それに対して、弱視は、見えにくいという状態で、視覚も重要な情報ルートとなります。弱視は、例えば、視野のどの部分が制限されているか、また残された見える部分の視力がどの程度か、光覚や色覚の状態がどうか等々、一人一人の見えにくさや見え方が大きく異なっています。そのため、活動や参加がどのように制限されているかは、個々の見え方の状態やそのときの環境的な要因で大きく違っています。例えば、本や新聞などの文字を拡大する場合でも、対象となる人の視力や視野、光覚の実態を把握し、それに応じた拡大率を設定することが必要です。学習面だけではなく、生活面や運動面においても個別の環境的な配慮が重要になります。

32

生まれつき視覚に障害があると、発達の様々な側面に影響を及ぼすリスクが大きくなります。例えば、運動面では、首の据わり、はいはいの始まり、つかまり立ち、歩き始めといった身体発達、とくに運動面の発達が遅れる傾向が出ます。また、人の顔の違いが分かったり、物に対して手を伸ばして触ったり、といった行動に影響が出る可能性もあります。こうした発達の問題は、周囲の状況をとらえ、それに適応するという側面の発達に影響します。子供の視覚障害は、単に、見えない、見えにくいといった感覚の問題のみを考えていくことでは解決できません。

　人は、見えないとどうなるでしょう。私たちは、経験上、少しは見えない状態を知っています。例えば、テレビを見ているときに意図的に目をつぶってみた人もいるかもしれません。また、家の中の明かりが消え、真っ暗な中を手探りで歩いた経験もあるかもしれません。私たちが日常の中で得ている情報のおよそ80％以上が視覚からの情報だとも言われ、視覚は、人間にとって重要な感覚器官です。つまり、見えないと身の回りのことで分からないことが多くなってしまうのです。この「分からないことが多くなる」状態が何をもたらすか、そのことを考えることが大切です。

　このように本質的な問題を考えるとき、それは、視覚障害以外の他の障害がもたらす情報受容の問題と大きく共通していると考えることができます。それは、情報受容の問題は、視覚障害ではなくてもよく起こるものだからです。私たちは、視覚障害という情報の大きく制限される障害を知ることによって、他の障害、とくに発達障害による情報が十分に伝わらないという問題を想像し理解することが可能になります。それが、「分からないことが多くなる」状態が何をもたらすか、ということなのです。

視覚に障害がある人にかかわるとき

　そばに近づくときは、必ず先に、「こんにちは」などと相手に向けて声をかけるようにしましょう。そして、そばに行ったら、まず「学生の〇〇

です」などと自己紹介しましょう。

　言葉で話しかけることがもっとも大切なことです。話をするときは、なるべく「あっち」「そこ」「むこう」といった言葉を使わず、「20cmくらい手を前に伸ばしたところ」「右側に50cmくらい動きますね」というように具体的な言葉で話すようにしてください。また、急に触ったり、手を引いたりせず、みなさん自身の動きも含め、介助するときには、行動の予告に注意しましょう。本人に直接関係することではなくても、周りの人の動きや周囲で起きていることも具体的に説明し、場の雰囲気や面白さ、驚きなどを共有できるように配慮してください。

　視覚障害の人は、視覚情報の不足を音や声で補っています。騒音が大きいと情報が入りにくくなりますので、周りで不必要な騒音を立てないように注意しましょう。

2.聴覚障害

・

　聴覚障害は、聴覚機能の障害です。聴覚機能とは、聴力（きこえのレベル）、聴野（きこえる範囲）、平衡感覚などを指します。これらの障害は、人間の生活や発達に様々な影響を及ぼします。みなさんもテレビのボリュームを０にしてみた経験があるかもしれませんが、ほとんど内容が分からなくなり、ずいぶんと無味乾燥な感じがするものです。子供の場合、とくに重要な影響は、コミュニケーションや学習上の基礎となる言語の発達の問題だと言えます。近年、医学の進歩によって生まれた直後の新生児期から聴覚検査をすることが可能になっており、わが国でも、生後６か月以内に補聴器をつけ、専門の療育を受けられるような体制が整いつつあります。しかし、それでもなお、子供の聴覚障害は、発達へ影響を与えることになります。聴覚は、言葉やコミュニケーションの発達に深く関係しているからです。

聴覚障害によって引き起こされる「きこえにくい」症状のことを「難聴」と言います。難聴は、障害の部位によって伝音難聴（外耳から中耳）と感音難聴（内耳より奥）とに分類されます。耳の穴に指を入れると少し聞きにくくなりますが、それは伝音難聴の状態に近いものです。また、人は皆、年齢とともに聴力が少しずつ低下していきますが、このような加齢性の難聴は、感音難聴です。

同じ難聴のある人でも、そのきこえ方は一人一人異なっています。きこえる最小レベルの音の大きさ（聴力）だけでなく、きこえる音の高さ（周波数）にも一人一人違いがあります。低い音がきこえやすい人もいれば、高い音の方がきこえやすい人がいるのです。

難聴のある人の多くは、補聴器や人工内耳などを使用していますが、これらを使用しても難聴が完全に解消されるわけではありません。また、常時使用している人もいますが、場面を限定して使用している人もいます。その人が、どのような環境で過ごしているかによって使い方にも違いがあるわけです。子供の場合は、いろいろな言葉を聴いて言葉の学習をしたり、授業を受けたり、あるいは先生や友だちとかかわったりして多くのことを学びますので、補聴器や人工内耳を長時間使う場合が多いでしょう。

人間が得ている情報のうち、聴覚情報の割合は、視覚情報に比べると少ないものです。しかし、聴覚情報の大部分は言葉の情報です。つまり、難聴があると言葉の情報が入りにくくなり、話し言葉を理解することに困難を生じさせます。例えば、会話場面では、相手が話していることが分からなくなり、そのため、コミュニケーションが取れなくなるということが起こってしまいます。

そして、さらに私たちが深く考えていかなければならないのは、人は、相手が話している言葉が分からない、コミュニケーションが取れないとどうなるか、ということです。周囲の人が、にこにこと話しているが、自分にはまったくその内容が理解できないという場面を想像してみてください。あるいは、自分以外の全員が大笑いしているにもかかわらず、その理由が自分だけ、分からないという状況です。人と人とのつながりが断ち切

られる状態、つまり、難聴は、「孤立」を発生させるのです。

　聴覚に障害のある人の多くは、手話を使います。手話は、私たちが話している日本語とは異なった独立した自然言語です。手話は、難聴の人が多くの情報を取り入れ、コミュニケーションするためには、非常に便利で、欠かせない言語です。しかし、みなさんは、聴覚に障害がある人は、すべて手話を使っていると思っているかもしれませんが、実際には、手話を使わない人も多くいます。聾学校という聴覚障害を対象とした特別支援学校には多くの難聴の子供がいますので、手話が共通言語として活用され、授業でも手話が多く使われています。一方、周りが難聴のない人ばかりだとすると手話を使う必要性はあまり生じませんので、手話を使わないことが多くなるわけです。

聴覚に障害がある人にかかわるとき

　声は聞こえていても、言葉をき分けたり意味をとらえたりすることができない場合が多くあります。とくに、騒音が大きいと、補聴器や人工内耳を使っていてもきき取りが難しくなります。会話をするときは、口の動きを見て読み取るなど視覚をフル活用している人が多いので、口元がよく見えるように注意しましょう。マスクは厳禁です。急に話しかけるのではなく、相手の正面に立ったり、肩に軽く触れたりして「今から話すよ」と合図し、目線を確かめ、少し大きめの声で、早口にならないように注意しながら話してみましょう。「お・は・よ・う」などというように1音ずつ区切ったり、口の形を誇張しすぎたりすると、かえって伝わりにくくなります。また、遠くから呼ぶのではなく、そばに寄って声をかけるようにすることも大切です。

　聾学校の子供の場合、手話を使っている子供が多くいます。こちらが手話を知らなくても、身振りや手振りなどをたくさん使ってみましょう。

3. 知的障害

・

　知的障害は、知能の発達の障害です。知能の発達レベルが同じ年齢段階のレベルに比べて著しく低い状態であるのが知的障害です。つまり、知的障害は統計的概念の障害です。一方、知能に関しての一般的な定義はないと言われています。ですから、様々な知能の理論に基づいて知能検査が作られており、知的障害は、そうした検査で測定した知能の発達レベルによって判定される障害です。

　知能検査には、大きくビネー式とウェクスラー式とがあります。わが国の学校教育現場では、ウェクスラー式（WISCやWIPPS）が活用されることが多いでしょう。知能のレベルは、IQ（知能指数、知能偏差値）として統計的に表されます。IQが100の場合、概ね生活年齢と同様の知的発達が認められるということになり、IQ70以下の場合に知的障害があると考えられます。

　知的障害は、子供時代から見られるものです。例えば、認知症でも同じように知能の障害が見られますが、いったん獲得した様々な認知能力が徐々に失われる認知症の症状と知的障害とは、分けて考える必要があります。

　人間は、知識を得、経験を重ね、それらを活用し、様々な情報を受容し処理し、環境に適応しながら生きていきます。そのためには、バランスのとれた総合的な力の発達が必要となります。知能は、こうした総合的な力を表していると言うこともできます。知的障害があると、必要な情報を得たり、情報を適切に処理したりすることが困難になり、そのため、周囲の状況を理解し、その場に適応することが困難になります。その結果、様々な活動や参加が制限・制約される状態となるわけです。

　知的障害の影響は、生後まもなくから現れます。例えば、「共同注意」という相手や対象物への注意の共有の発達は、およそ生後1年少々で言語という目に見えない記号の共有レベルにまで急速に到達していきます。し

かし、知的障害があると、このような共同注意の発達に遅れが見られていきます。こうした発達の遅れは、言葉の表出や人間関係、環境の把握など、乳幼児期から幼児期にかけての基礎的な発達領域全般に影響を与えていきます。

　知的障害のある子供の発達には、知能検査などで測定される知的障害の程度や特徴だけでなく、多様な環境的な要因も複雑に絡み合うため、一人一人の実態は、たとえ数値的に同じ程度の知能レベルであったとしても、大きく異なります。

　現在、重い知的障害がある子供は、特別支援学校で、その障害の状態に合った教育課程の中で教育が行われます。しかし、第二次世界大戦後、教育基本法が制定され、すべての子供が学校教育を受ける制度になりましたが、知的障害のある子供は、就学免除や就学猶予の規定の対象とされ、長く学校教育を受けることができませんでした（完全義務化は1979年のことです）。こうした歴史を知っておくことは、教職を学ぶみなさんにとってはとても大事なことです。このことは、第5章でも述べます。

　知的障害のある人も、社会の中で自立した生活をしていくことが必要です。教育では、そのためにはどのような力を伸ばしていく必要があるかを長期的、継続的に指導し、将来の労働や家庭生活での自立に向け、力をつけていかなければなりません。

知的障害がある人とかかわるとき

　慣れていない人や場所で緊張したり不安がったりすることがありますので、安心できるように、笑顔でやさしく接するようにしましょう。介助や補助をする場合は、とくに相手の気持ちを十分確かめながら行ってください。知的障害があって振る舞いが年齢より幼く見えても、決して赤ちゃん言葉などを使わずに、年齢相応の接し方でかかわるようにしましょう。

　同じ知的障害といっても、一人一人の状態は大きく違っています。これは、私たちの個性が一人一人違っているのと同じです。読書好きの人や音

楽好きの人、おしゃべりを楽しむ人も多くいます。衣服の着脱や食事といった日常の行動に時間がかかったり、こだわりが強い人もいますが、施設や学校の職員のかかわり方を参考にしながら、一人一人の個性に合わせてかかわってみましょう。

4.肢体不自由

•

　肢体不自由は、四肢（上肢や下肢）や体幹（腹筋、背筋、胸筋、足の筋肉を含む胴体）など身体の動きにかかわる器官の異常によって起こる障害です。怪我や病気によって生じますが、子供の場合、脳性麻痺が多いと言われます。

　脳性麻痺は、胎生期または出生後2年以内に運動を司る脳の部分の損傷などによって起こる運動の障害です。脳性麻痺には、痙性脳性麻痺、運動脳性麻痺、運動失調性脳性麻痺などの種類があり、また脳の損傷部位によってどのような運動に障害が起こるか等、一人一人大きな違いがあります。四肢や体幹の運動障害は、口や舌、声帯を動かす筋肉の麻痺にもつながることがあり、そうした場合は、言語障害や嚥下障害などが起こります。また、眼球運動に障害がある場合は、視機能に症状が出る場合もあります。

　麻痺と言うと、動きにくさを想定しますが、意図せずに動いてしまうような不随意運動の状態も起こります。例えば、手を5cmだけ動かしたいのに20cmも動いてしまうとすると目的の動作は達成できません。また、手だけ動かしたいのに、全身が動いてしまっても問題が起こります。その他、脳性麻痺には、他の障害が重複することも多く、とくに知的発達の遅れは、脳性麻痺の子供の半数以上に見られるとも言われます。

　脳性麻痺以外の肢体不自由も多くあります。先天的なものとしては、欠損といって上肢や下肢が生まれつきない障害、二分脊椎症による運動障

第3章 ● 介護等体験で出会う主な障害　　39

害、骨形成不全症などの骨の病気などがあります。後天的には、病気や怪我による脊髄損傷、四肢の切断、脳梗塞などの脳血管性、ALSなどの筋萎縮症等々があります。

さて、肢体不自由があると、人はどうなるでしょう。子供の場合、様々な発達への影響が考えられます。肢体不自由は、ある意味、外見上分かりやすい障害だという側面もあるので、みなさんもどんな影響があるか、いくつかは挙げることができると思います。例えば、運動が大きく制限されますので、座ったり、寝返りしたり、這ったり、歩いたりする発達には影響が出ることは分かりやすいかもしれません。その結果、自分の力で動ける範囲が狭まってしまいます。

しかし、見た目で分かりやすい障害こそ、正しく理解することが困難だとも言えます。肢体不自由があると、見た目が非常に重度の障害に思え、例えば、自分の意思を表現することなどできていないのではないかととらえられたりします。ところが、外見上は意思や感情が分かりにくくても、豊かに様々なことを思い、様々なことに心を動かしており、様々に表現しようとしていると考える必要があります。

また、教育を学ぶみなさんに考えてほしいのは、このように自分の力で動くことができる範囲が狭まることは、どんなことをもたらすのだろうかということです。つまり、肢体不自由があると、経験の量や質に大きな制限がもたらされます。単に動くということだけではなく、人と話してかかわること、いろいろな経験をして気持ちを動かすこと、物に直接触れることなどが制限され、いろいろな機会が制約されていくわけです。学校教育では、そうした制限や制約からもたらされる影響を一つ一つ把握し、一人一人に合った意図的な学習を展開し、どんなに重度でも自分の意思を表現することの学習を進めなければなりません。

肢体不自由の場合、呼吸や嚥下運動の麻痺があるといった場合も多いので、日常的に医療的ケアが必要になり、医師や看護師など医療の専門家との連携が非常に重要です。

肢体不自由がある人とかかわるとき

　車椅子を使用している場合は、とくに相手の目の高さまでかがんで接するようにしましょう。体を自由に動かしたり、物を操作したりすることに時間がかかることがありますが、自分の力でできることもたくさんあるので、じっくり付き合うようにしましょう。また、話すという運動機能に麻痺があって、うまくしゃべることができない人も多くいます。途中で話をさえぎったり、先取りしたりせず、最後まで話をよく聞き、分かったことを復唱してみましょう。

　肢体不自由のある人の中には、重度重複障害の人もおり、感情の動きや表現がとらえにくいこともあります。見かけは重度でも、自分の思いを表現したり周囲の言葉を理解したりしています。表情等の変化をよく見てみましょう。担当者のかかわり方などを参考に、スキンシップ、身体の動き、歌やリズミカルな声かけなどでコミュニケーションをとってみましょう。

　リハビリ中の人や子供の場合、訓練課題が細かく設定されているので、介助を手伝うときは具体的な介助方法の説明を受けましょう。

5.病弱・身体虚弱

・

　病弱とは、難治性の病気によって、長期的に特別な配慮が必要な状態を言います。たとえ症状が重くても短期間で完治するような病気は含まれず、あくまで長期的な療養が必要な状態です。ですから、インフルエンザで数日高熱が続くというのは、どんなに症状が重くても病弱には含まれないということです。また、身体虚弱とは、病気ではないが体が弱く病気になりやすい状態で、学校などで他の子供たちと同じように学習や生活ができない状態が続く障害です。

　原因となる病気としては、慢性の呼吸器疾患（小児喘息など）、腎臓などの内臓疾患、悪性新生物（小児癌）、循環器系の疾患、その他精神疾患

第3章 ● 介護等体験で出会う主な障害　41

によって長期療養が必要な状態も含まれます。

　こうした子供たちの多くは、長期的に入院して治療を優先した生活をしたり自宅療養を行ったりする必要があります。つまり、通常の家庭生活を送れず、また学校を欠席しなければならない状態が続いていくことになります。その結果、様々な精神的な問題が起きたり、発達に影響が出ることも多いと言えます。入院している場合、小学生や中学生は、病院内に設置された特別支援学級（院内学級）に通ったり、症状によっては、病院から近くの特別支援学校に通ったりして授業を受けていきます。しかし、あくまでも一人一人の身体の健康状態や治療が優先されることになります。例えば、院内学級で勉強を頑張りたいと思っていても、朝の検温で発熱があれば休まなければなりません。ですから、病気にかかる前に比べると、学習はなかなか進まない状態になります。本人は、身体の治療のことだけでなく、学習の遅れについての不安などのストレスにも直面していくことになります。

　また、長期の治療で病気がよくなるとそれぞれの地域の学校に戻っていきますが、再び入院をするとまた院内学級や特別支援学校に入ることになります。病弱・身体虚弱のある子供のうち、こうした入退院を繰り返す子供も多くおり、学習面だけでなく、友だち関係などの人間関係を築いていくことに苦戦することが多くなります。そして、病気になった、あるいは体が弱いことに対して、親に申し訳ないとか、自分が弱いせいだなどと自分を責め、自己肯定感が低下するようなことも起こります。病弱・身体虚弱がある子供の教育は、一人一人の子供の身体の状態に合わせて無理のかからない指導計画のもとで学習を進めていくことが重要ですが、それと同時に、こうした心理的な状態に十分に対応することが必要です。

　病気の子供の中には、命にかかわる進行性の病気などの場合もあります。たとえ幼い子供であっても、病気や自分の命とまっすぐに向き合っていくことはとても重要です。また、命がある限り学び続けるということは、長い短いではなく、人間にとってとても大切なことです。そうした理解が求められます。

病弱・身体虚弱の人とかかわるとき

　まず、「病気である」ことより「同じ人間である」「同じ子供である」ことを意識してかかわりましょう。しかし、入院や退院、転校を繰り返すことも多く、新しい環境や友だちに慣れるのに時間がかかっている場合があります。また、教科学習の進度が遅れていることから、学習に苦手感をもっていることもありますので、じっくりと、できたことをほめながらかかわりましょう。長時間の学習活動が設定できず、集中も長くは求められないこともありますので、かかわり方の注意点について、必ず担当者から説明を受けましょう。

　楽しそうに喜んでいても病気の状態によっては体の負担になっていることがあります。本人の体調を観察し、注意事項をよく守ってかかわることが必要です。また、横になっている場合は相手の視線に無理がかからないような位置でかかわりましょう。

6.発達障害

•

　発達障害とは、一言で言うと発達にかかわる障害です。ですから、子供時代から症状が見られる障害と言うことができます。発達とは、生涯発達と言われるように、人間の生命の誕生から死に至るまでの過程での様々な変容を指すものです。つまり、発達障害は、子供時代だけでなく、大人になっても問題は続いていくと考えられます。

　一般的に、現在問題となっている発達障害は、とくに子供の段階から学習面や行動面で著しい問題を示します。文部科学省の2012年の調査によると、小学校または中学校の通常の学級に在籍している児童生徒のうち、知的な発達の遅れはないにもかかわらず、学習面や行動面に著しい問題があると思われる子供は、全体の6.5％と推計されています。これらの子供たちは、知的障害のない発達障害が疑われる子供たちだと考えられます。

第3章 ● 介護等体験で出会う主な障害　　43

発達障害を理解する上では、まず、発達障害がほぼ生まれながらの中枢性の障害であることをきちんと理解する必要があります。発達障害は、発達の様々な側面に症状が現れますので、それらはどの子供にも発達の過程で現れるような状態の延長線上のものとみることもできます。しかし、こうした誰でもが経験する状態は、ともすると、親の愛情のかけ方や育て方、家庭環境を発達障害の原因だという誤解を生みだしてしまいます。発達障害が中枢性の障害だということは、発達障害を理解する上でとっても大切なことです。

　一方、発達障害の個々の症状は、環境との間で形成されるということも大切なところです。例えば、同じ程度の中枢性の問題でも、教育的な介入の仕方によって実際に現れる症状は、変わってきます。適切に介入すると症状は改善しますが、反対に、不適切な対応が繰り返されると二次的、三次的な問題も起こり、様々な困難が生じていきます。ですから、発達障害には早い段階から適切な支援を行うことが不可欠です。

　主な発達障害としてみなさんが理解しておく必要があるのは、局限性学習症、注意欠如・多動性症、自閉スペクトラム症の三つです。

　局限性学習症は、学習障害とも呼ばれます。英語では、Learning Disability（LD）、もしくは、Specific Learning Disability（SLD）です。人間は、「聞く」「話す」「読む」「書く」「計算する」「推論する」という六つの学習能力を使って学習を展開するとされますが、このうち、特定の能力に著しい困難が生じているというのが局限性学習症です。視知覚や聴知覚、あるいは情報処理や記憶など中枢に様々な要因があると考えられています。

　注意欠如・多動性症は、Attention-Deficit/Hyperactivity Disorder（ADHD）で、不注意、多動性、衝動性を特徴とする障害です。大きく、不注意優性状態と多動性・衝動性優性状態があり、これらの症状が年齢や発達段階につり合わない状態で現れ、日常生活において大きな困難が生じます。

　自閉スペクトラム症は、Autism Spectrum Disorder（ASD）で、対

人コミュニケーションや対人行動の困難さと極限的、反復的な行動や興味のパターン（こだわり）という二つの特徴があるものです。知的障害を伴う場合や言語発達が遅れる場合もあります。聴覚過敏や視覚過敏といった感覚の問題を伴うことも多くあります。環境の変化への対応や指さしなどの非言語表現の理解に難があることがあります。

　これらの発達障害は、複数の発達障害が重複する場合もありますし、先に述べた視覚障害などの障害に重複する場合もあります。知的障害と自閉スペクトラム症の重複は多いので、知的障害の特別支援学校で介護等体験の活動を行う場合は、発達障害のある子供、とくに自閉スペクトラム症の子供に出会うかもしれません。

発達障害がある人とかかわるとき

　得意なこと、好きなことを一緒に行い、できるだけ楽しい時間を過ごすように心がけましょう。たとえ、目が合わなくても、意外と相手を意識していることが多いので、横に並ぶようにして、本人が嫌がらないような方法を探りながら少しずつかかわるようにしましょう。一人一人異なるので、どんなかかわり方が無理なくできるか、担当者のかかわり方などを参考に、よく探ってみましょう。中には、衝動的な行動をとる場合もあります。無理して対応しようとせず、慣れている担当者を呼ぶようにしましょう。

---

7. 場面緘黙症（情緒障害）

・

　場面緘黙症は、情緒障害に分類される障害で、自分の家では普通に話せるにもかかわらず、教室など特定の場で声を出して話すことができないという症状の障害です。緘黙という話せない症状のほか、緘動（思い通りに

体を動かせない）といった症状が出現することもあります。背景に発達障害のような症状が見られることもあるとされていますが、必ずしも発達障害の症状がなくても場面緘黙が見られることがあるとされます。

　原因としては、環境要因によって不安などが増大すると言われています。もともと不安になりやすい気質があるところに、入園、入学、転校、転居などの環境の変化が重なったり、あるいはいじめを受けたり、過度な叱責を受けたりすることがきっかけになると考えられますが、複数の要因が重なり、どれか一つに特定できないものが多いとも言われます。

　場面緘黙症については、親の過保護や本人の甘え、わがままなどが原因ではないということをしっかり理解する必要があります。また、多くの場合、ある程度の年齢になると必要な場面で話をすることができ、普通の社会生活を営むことができますが、これは、専門的で適切な介入があることによって改善されるもので、逆に不適切な対応があれば、情緒の問題は大きくなると考えられます。

　本人は、話せるようになりたいという気持ちを持っています。また、話せない自分を責め、自分自身を否定し、自尊感情が低下していっている傾向もあります。そのことによって不安がかえって増大していくことになり、悪循環が起こり、二次的問題にもつながっていきます。

　なお、情緒障害は、何らかの心理的な要因、あるいは環境的な要因によって、喜怒哀楽などの情緒の現れ方が通常と比べて大きく偏っていたり異なっていたりする状態が継続し、生活する上で大きな困難が生じる障害全般を指します。場面緘黙症のほか、不登校、暴力、自傷行為、チックといった症状が行動上に現れるとされますが、日常的に目立った問題が見られないにもかかわらず、突発的に大きな問題を引き起こしたりすることもあるとされています。

場面緘黙症など情緒障害がある人とかかわるとき

　場面緘黙の子供には、言葉で返事をしなければならないような尋ね方で

はなく、指さしやうなずきで応えられるような尋ね方を工夫してみましょう。おしゃべりがなくてもいろいろなことを考え、表現したい気持ちを持っています。決して話すことを強要せず、柔らかく、安心するように接し、話しかけるときは、言いたいことを代弁するように声かけしながら、本当にそのことを言おうとしているのかを確かめるように間をとってかかわりましょう。

　情緒障害のある人の中には、極端に人を拒否したり、あるいは極端にべたべたと接してきたりすることがあります。あるいは、喜怒哀楽のような感情が、通常よりも大きく出てきたりしますが、一つ一つに大きく反応せずにかかわるようにしてみましょう。安心感をもってもらうことが重要ですので、笑顔をたやさず、声かけや行動もできるだけ穏やかに優しくしましょう。

8.認知症

•

　認知症は、大人の障害です。生後いったん正常に発達した種々の精神機能が慢性的に減退・消失することによって、日常生活・社会生活を営むことに困難が生じる障害です。認知症は、知能の障害とも言えますが、子供のときから生じている知的障害とは異なり、後天的原因によって生じます。

　認知症は、医学的に多彩な認知欠損があるとされ、実際の症状としては、まず記憶障害が挙げられますが、それ以外に、失語、失行、失認、実行機能障害などの症状が加わります。記憶障害は、単なる物忘れとは異なり、日常生活に大きな支障をきたします。失語は、言葉を司る中枢機能の問題で、言語をうまく使えなくなる状態で、ハサミを見て「でんわ」と答えたり、意味が不明な話し方をしたりします。失行は、運動機能は異常がないにもかかわらず、行動しようとしても身についていた動作が行えない

第3章 ● 介護等体験で出会う主な障害　　47

状態で、箸を使うことができない、椅子から立ち上がれないなどです。失認は、様々な感覚から入ってくる情報を認識できなくなる状態で、例えば、音が聴こえていても何か分からない、相手の顔が見えていても誰だか分からないといった症状です。実行機能障害は、物事を論理的に考えて計画的に実行することの障害で、いくつかの手順があるような作業、例えば晩御飯のメニューを考えて、買い物に行き、料理を作り上げるというような作業の実行ができなくなる状態です。このような様々なことが、初めから障害となっているのではなく、それら様々な機能を活用して普通に生活を送っていたのに、それが徐々にできなくなり、日常生活や社会生活に困難が生じるのが認知症です。

　認知症には、アルツハイマー型認知症、前頭側頭型認知症（ピック病）、レビー小体型認知症、脳血管性認知症などがあります。アルツハイマー型認知症はもっとも多い認知症で、脳の神経細胞が減少し、記憶障害などが顕著な症状として現れます。前頭側頭型認知症（ピック病）は、脳の前頭葉と側頭葉が原因で、感情や行動のコントロールが困難になり、例えば、穏やかで静かな性格の人が荒い気性を表したり、行動的だった人が非常に大人しくなるというような症状があります。レビー小体型認知症は、脳にレビー小体という異常なタンパクがたまるもので、とくに幻視や幻聴が現れたり、パーキンソン症状と言われる運動障害の症状が出たりします。脳血管性認知症は、アルツハイマー型認知症の次に多い認知症で、脳梗塞などの脳の血管の疾患によって起こる認知症です。脳の血管障害によって脳細胞の一部が壊れてしまい、その部分の機能が低下するのですが、細胞が壊れていない部分の機能は正常に保たれますので、どの部分の血管に疾患があり脳のどの部分が影響を受けたかによって認知症が起こるかどうかも異なりますし、認知症の症状も異なります。

　認知症は、65歳以上の高齢者の7人に1人と言われますが、わが国は、年々高齢化が進んでいますので、認知症のある高齢者は今後増えることが予想されます。また、64歳以下で発症する認知症を若年性認知症と呼び、30代、40代から認知症が発症することもあります。

アルツハイマー型認知症の前駆状態を軽度認知障害と呼びます。とくにアルツハイマー型の認知症は、医学やリハビリテーションの発展から早期に発見し、適切な治療や対応をすることによって進行を遅らせることが可能になってきています。本人への治療だけでなく、家族や職場の理解を深め、環境調整することで日常生活を維持することもできます。

認知症がある人とかかわるとき

　認知症の症状の現れ方は人によって異なっていますので、その人の特徴に合わせて、担当者のかかわり方を参考にしながらかかわりましょう。認知症の中には、言葉が使えなくなり、会話が困難になっている方もいますが、多くは、会話を楽しむことが可能です。たとえ自分から話すことが減っている場合でも、話しかけられる言葉を理解し、会話の雰囲気を楽しむことができる人は大勢います。また、うれしいことや楽しいことといった情緒的なことは、記憶などの機能が衰えたあとも正常に理解することができていると言われます。

　認知症の人は、見えていてもなかなか認識できなかったり、聞こえていても反応するまでに時間がかかったりすることが多くあります。明るくにこやかな笑顔で、その方の視野の真ん中にみなさん自身の顔が入るような感じで、急にではなく少しずつ近づくような感じでかかわっていきましょう。声かけをするときは、実況中継をするように行動に合わせるとよいでしょう。何度も繰り返してお話しするとよいと思います。

　なお、認知症のある高齢者は、運動の麻痺や関節や骨の異常などがある場合も多いので、担当者の説明をよく聞き、怪我などに十分注意してかかわるようにしましょう。

課題3
　高齢者や障害のある子供とかかわるときに、基本的に注意しようと思うことはどんなことか、自分の考えを整理しておこう。

第3章 ● 介護等体験で出会う主な障害　49

コラム❷
重複障害は「足し算ではなく掛け算」

　重複障害とは、複数の障害が重複していることである。重複障害の全体の状況を調査したものはないが、特別支援学校に在籍する子供たちの中では、だいたい20％ほどが重複障害だとも言われている。主たる障害種によっても重複障害率は異なっており、とくに肢体不自由のある子供の中に様々な重複障害を合わせ有する場合が多い傾向もある。また、通常の学級に在籍している発達障害のある子供では、複数の発達障害の症状を表すケースもあると言われており、重複障害の様相は非常に複雑である。

　視覚障害と聴覚障害の重複障害があったヘレン・ケラーは、"Blindness cuts us off from things, but deafness cuts us off from people."（目が見えないことは人と物とを切り離す、それに対して耳が聞こえないことは人と人とを切り離す）と説明したとされる。視覚障害と聴覚障害の重複障害は、盲ろうとも言われ、それは、物と共に人との関係が切り離される状態になること、すなわち周囲のすべての情報から切り離され孤立することである。同じように盲ろう者で東京大学教授の福島智氏は、「視覚障害は、テレビの画面を見ずに音だけを聞く状態、聴覚障害は、テレビのボリュームを0にして見る状態、盲ろうは、テレビのスイッチをOFFにした状態」と話している。視覚あるいは聴覚というそれぞれを取り出すと感覚の一部に過ぎないとも言えるが、それらが重なることは、日常行動や学習、人間関係や環境適応、すべてにおいて複雑な問題を引き起こす可能性があると言える。

　様々な障害がどのように重複するかによって具体的な症状や発生する問題は異なるが、重複障害は、まさに「足し算でなく掛け算」である。

第4章
社会福祉に関する基礎的な事柄

　ここでは、社会福祉に関する基礎的な事柄について、とくに介護等体験に関連する内容をとりあげます。
　7日間の介護等体験のうち、5日間は社会福祉施設で行われます。活動を行う社会福祉施設は、主に、高齢者を対象とした施設、障害者を対象とした施設、子供を対象とした施設があります。みなさんがそうした施設で体験活動を行う上で知っておいてほしい基礎的な事柄の概要をトピック的に学びますが、体験活動にとどまらず、教職に就く上でも必要な社会福祉の知識ということもできます。

01 社会福祉の理念

1. 基本的人権と社会福祉

•

日本国憲法

　「社会福祉」は、明治時代や大正時代には「慈善事業」あるいは「社会事業」と言われてきました。1946年に制定された日本国憲法の中で初めて「社会福祉」という用語が法的に示されました。つまり、第二次世界大戦後に定義づけられた概念というわけです。日本国憲法の第25条を読んでみましょう。

日本国憲法第25条

　すべて国民は、健康で文化的な最低限度の生活を営む権利を有する。国は、すべての生活部面について、社会福祉、社会保障及び公衆衛生の向上及び増進に努めなければならない。

　社会福祉は、すべての人が有する基本的な権利である健康で文化的な生活を営むということを保障するための国の義務であり、制度です。それでは、「健康」や「文化的」とはどういうことを言うのでしょう。

健康とは

　まず、健康について考えてみましょう。「健康」の概念は、前述した世界保健機関（WHO）の国際生活機能分類（ICF）の生活機能構造モデルから考えてみましょう（図3参照）。これは、人間の健康状態を単に心身機能や身体構造といった医学モデルで捉えるのではなく、個人がどのように活動しているか、あるいは社会参加の状況を含めた三つの側面から捉えようというものです。ICFは、この三つの側面に影響を与えるのは、環境因子と個人因子があり、いずれかの因子または両方の因子によって三つの側面に永続的に制限や制約が起こるものが障害であるとしています。

文化的とは

　次に、文化的ということを考えてみましょう。そもそも「文化」というものは、その地域や社会で継承され形作られてきたものを基盤としています。例えば、衣食住などの習慣、労働や余暇の活動、人とのかかわり、そうした中での情動や共感、そして様々な表現活動などです。こうした文化的活動は、一部の人にだけ保障されるものではなく、すべての人に保障される必要があるものです。

ノーマライゼーションの視点から

　もう少し、健康で文化的な生活とは何かを考えるために、ノーマライゼーションの理念をもう一度考えてみましょう。先に述べたように、ノーマライゼーションとは、障害のある人の障害を共に受容し、彼らにノーマルな生活条件を提供することだとされています（第2章参照）。しかし、こうしたことは、抽象的な平等論、権利論だけでは具現化されません。いかに、共に障害を受容し、どのようなノーマルな生活条件を提供するのか、ということが問題になります。図6は、スウェーデンのベンクト・ニィリエ（Bengt Nirje）が示したノーマライゼーション原理です[3]。例えば、私たちは、朝は起床し、食事を取り、休憩を挟みながら午前中の活動を行い、昼には、長い休憩を取って食事を取り、そして午後も同じように活動

します。そして夕刻になると自宅でまた食事を取り、あるいは好きなことをやるなどの余暇の時間を過ごし、夜になると床につきます。基本的には、そうした1日のリズムを繰り返していきます。

こうしたノーマルなリズムが、障害を理由にできなくなったとしたらどうでしょう。それは、人間としての権利を著しく侵害されていることになります。ノーマライゼーションは、人間が普通に営むことができる生活を障害のある人にも保障していこうという理念を具体化するものなのです。

また、アメリカのヴォルフ・ヴォルフェンスベルガー（W. Wolfensberger）は、ノーマライゼーションについて「可能なかぎり文化的に通常である身体的な行動や特徴を維持したり、確立するために、可能なかぎり文化的に通常となっている手段を利用すること」というように述べています[3]。その国、その地域で文化的に通常であることが同じようにできるように、できる限り通常の手段を活用できることが大切だということです。障害があることによって分けたり排除したりするのではなく、共に生きることができるような条件を具体的に整えていくことが大切になります。

① 一日のノーマルなリズム

② 一週間のノーマルなリズム

③ 一年間のノーマルなリズム

④ ライフサイクルにおけるノーマルな発達経験

⑤ ノーマルな個人の尊厳と自己決定権

⑥ その文化におけるノーマルな性的関係

⑦ その社会におけるノーマルな経済水準とそれを得る権利

⑧ その地域におけるノーマルな環境形態と水準

図6　ベンクト・ニィリエのノーマライゼーション原理（引用文献[3]より）

2. 社会福祉とは何か

・

　社会福祉法では、第1条で次のように社会福祉の目的が示されています。

　　この法律は、社会福祉を目的とする事業の全分野における共通的基本事項を定め、社会福祉を目的とする他の法律と相まって、福祉サービスの利用者の利益の保護及び地域における社会福祉（以下「地域福祉」という。）の推進を図るとともに、社会福祉事業の公明かつ適正な実施の確保及び社会福祉を目的とする事業の健全な発達を図り、もつて社会福祉の増進に資することを目的とする。

　社会福祉とは、社会を構成する一人一人が幸福を実現できるための社会状態を作ることを目的とした具体的施策、社会制度のことです。また、その施策や制度は、一人一人の生活上の様々な困難に対して、具体的に援助するものであることが必要です。さらに、社会福祉は、こうした施策や制度のみの概念ではなく、援助のための実際的な活動を含んだものと広くとらえることも必要になります。

　人は、誰でも幸福に生きる権利を有しています。社会福祉は、一人一人が幸福に生きるための考え方であり、様々な制度・施策であり、活動です。何が幸福かというのは、個々の心の問題でもあるので、曖昧で抽象的かもしれませんが、幸福は、私たちが自分らしく生きることができるということだとも言えます。社会福祉は、そのことを実現するために人類が知恵を絞って育ててきたものです。

第4章 ● 社会福祉に関する基礎的な事柄　55

02 社会福祉の内容

　社会福祉の範囲は、非常に広く、私たちの生活全般に及んでいます。ここでは、介護等体験を実施するにあたって最低限度必要だと思われる児童福祉、高齢者福祉、介護保険制度、障害者福祉の概要の一部を学んでいきます。

1.児童福祉

・

児童福祉の内容

　児童福祉は、子供を対象とした福祉の領域です。定期健診などの子供の健康の管理、また児童館や児童遊園といった遊び場、あるいは児童養護施設や児童自立支援施設などの運営、児童手当など経済的な援助、育児相談などの親支援、そして児童虐待への対応などです。

　それぞれ重要な課題がありますが、中でも児童虐待は、児童福祉でもっとも大きな問題で、内容を知っておく必要があると言えるでしょう。児童虐待防止法では、「学校の教職員、児童福祉施設の職員、医師、保健師、弁護士その他児童の福祉に職務上関係のある者は、児童虐待を発見しやすい立場になることを自覚し、児童虐待の早期発見に努めなければならない」（第5条1項）、「児童虐待を受けたと思われる児童を発見した者は、速やかに、（略）通告しなければならない」（第6条1項）とされており、

教職に就くものは虐待に対する知識や対応について学ぶことが不可欠です。

児童虐待の実態

2000年に成立した児童虐待防止法（2012年一部改正）では、児童虐待を、①身体的虐待、②性的虐待、③心理的虐待、④ネグレクトの四つに分類しています。厚生労働省の毎年の調査では、児童相談所が対応した虐待件数は年々増加しており、2016年では12万件を超えています（2017年厚生労働省報告）。対応件数とは、虐待そのものの件数ではありませんので、虐待自体が増えているととらえるのではなく、あくまでも個人や様々な組織からの通告などによって、虐待ケースとして対応された件数と考えておく必要があります。

図7は、2005年と2015年の比較です。2005年では、身体的虐待への対応件数がもっとも多く、次にネグレクトとなっていましたが、2015年では心理的虐待がもっとも多くなっています。図8は、10年間の推移を表していますが、10年間の中頃から急激に心理的虐待が増えていくのが分かります。

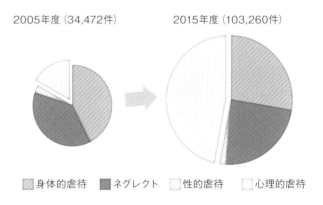

図7　2005年度と2015年度の児童虐待の分類比較（厚生労働省発表資料より）

また、虐待をした者は、**図9**のように、実の母親がもっとも多く、続いて実の父親となっています。近年は、心理的虐待の増加と相まって実の父親の虐待件数が増加しているという傾向も見られます。かつては、身体の傷によって虐待が発見され通告が行われていたというように、ある程度深刻化した状態で対応されていたのが、徐々に、その前の暴言や理不尽な扱いといった、いわば前段階で通告され、対応されているとも言えるかもしれません。しかし、心理的虐待でも、脳や心の状態に大きな傷を残し、それは、認知や言語、情緒、対人関係等の発達に不可逆的な影響を与えるということがいくつもの研究で明らかにされています。

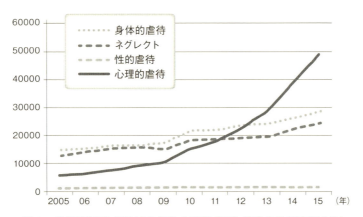

図8　分類別児童虐待対応件数の推移（厚生労働省発表資料より）

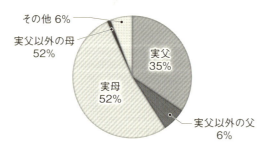

図9　2015年の児童虐待の虐待した者の分類（厚生労働省発表資料より）

児童虐待の要因

　児童虐待が生じる要因について、渡辺[10] は、①親側の問題、②子供側の問題、③家庭生活上の問題の三つの視点から述べています。親側の問題としては、親自身の疾病や障害、生育歴と共に育児経験の不足や育児不安、強いストレス、社会的孤立、自己肯定感のなさなどがあげられています。また、子供側の問題としては、望まない子供、多胎児といった問題の他、多動、挑戦的、病弱、発育不全、育てにくい子供など発達障害などが背景となる要因があげられています。さらに家庭生活上の問題としては、経済的困窮な夫婦間の問題、DV、住宅事情、地域からの孤立などがあげられています。様々な要因が複雑に絡んでいることと考えられます。

　虐待は、決して特別な家庭にのみ起こることではありません。育てる側である親と育てられる側である子の関係は、縦の関係になります。こうした縦の関係は、ごく一般の子育ての関係とも言えます。例えば、しつけは、こうした縦の関係のかかわりの中で成果を上げる側面が強いものです。しかし、こうした縦の関係でのかかわりが、親側の都合のみで行われると、子供にとっての一貫性が崩壊します。つまり、子供にとって理不尽に縦の関係の行為が繰り返される状況になったとき虐待の傾向が現れると言うこともできます。虐待は、正常で健全な育児の延長線上で起きるものと考えることができるのです。

虐待が及ぼす影響

　虐待が及ぼす影響としては、まず、身体的影響として、身体の様々な部位の外傷、頭部の怪我などによる様々な障害、全般的な発育不全などがあります。知的・認知面では、集中力の欠如、落ち着きのない多動状態、全般的な知的発達の遅れあるいは歪み、慢性的な不安感や恐怖感、自己認知と他者認知の問題などがあります。対人関係では、愛着障害の問題が大きく、人間関係形成が非常に不安定になったり、攻撃的になったりし、非行などの問題に発展することも多くあります。さらに心理的には、うつ病や解離性障害、心的外傷後ストレス障害（PTSD）などの症状を引き起こす

場合も多くあります。

　前述しましたが、近年のいくつかの研究では、直接身体的な外傷がない心理的虐待でも、青年期の段階で、中枢の視覚野や聴覚野、あるいは感情をコントロールする前頭葉などの部位が同年代の虐待を受けていない者に比べて小さいことが明らかにされています。こうした脳の発達への影響が大きいことから、虐待は第四の発達障害などと呼ばれることもあり、学校教育においては特別支援教育の対応が期待されています。

児童福祉に関連する機関

　児童相談所は、家庭その他からの相談のうち、専門的な知識及び技術を必要とするものに応じる機関です。その業務としては、児童に関する相談、判定などの他に児童を一時保護します。また、児童養護施設は、全国に約550か所あり、乳児から高校生までを対象としています。入所理由は、虐待からの避難のほか、親の不在や入院など様々です。

2. 高齢者福祉

・

わが国の高齢者の実態

　わが国は、少子高齢化がどんどん進んでいます。**図10**は、内閣府が報告している年齢区分別将来人口推計のグラフです。65歳以上を高齢者とすると2030年には高齢化率が30％を超えるという予測が示されています。社会福祉の分野では、高齢者福祉は、最大の課題だと言ってよいでしょう。

高齢者介護の特徴

　人間は、誰でも年をとると徐々に身体や認知の機能などが衰えていきます。脳血管疾患などの突然の病気によって介護が必要になる場合はもちろんですが、徐々に身体が衰える場合も、介護は突然始まるものです。例え

60

ば、昨日まで自力でトイレに行って排泄を行えていた人が「ある日」を境に失敗し始め、介助が必要になります。つまり、介護は、「ある日」突然始まるものです。

　また、高齢者介護は、本人の身体機能の衰えに応じて続けられるものです。子供の場合の育児や教育には、たとえ障害があっても、多くは、自立に向かって成長をしていきますので、徐々に自分でできることが増えていきます。しかし、高齢者の場合は、徐々にできないことが増え、介護の量が増えていきます。そのため、介護する側にとっての介護は、達成感が得られにくいものであると言えます。また、介護の終了は、本人が死を迎えるときという状況もあり、終わりが見えにくいということも特徴です。

高齢者介護の現状

　近代化と共に社会は、大きく変化しており、高齢者介護も多様化しています。例えば、昔は、介護は、子育てを終えた主婦、女性の仕事という側面がありました。とくに、嫁いだ先の義父や義母の介護をするのは、「お嫁さん」の役割という慣習が多くの地域でありました。また、家事自体が

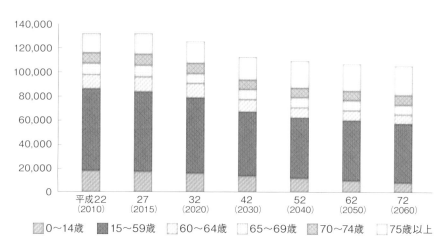

図10　年齢区分別将来人口推計（内閣府2016年度高齢社会白書より）

女性の仕事であり、男性は家事を一切しないという役割分担の文化もあり
ました。したがって、男性が介護の担い手になるようなことはほとんど例
外的だったとも言えます。一方、昔は、何世代かの家族が同じ家で暮らす
ということが多く、家族の人数も多かったため、誰かの介護が必要になっ
てもすぐに対応できたという面もありましたし、お嫁さんの都合が悪くて
も誰かが替わりを担うことができました。

　それが、都市部への人口集中や少子化、核家族化の進行、そして平均寿
命の伸びなどを背景に、週末に離れた親の元へ通って介護をするといった
遠距離介護、また、高齢の妻が夫を、あるいは高齢の夫が妻を、といった
老老介護や男性介護、さらに介護をするために仕事を辞めたり転職したり
せざるを得ないような介護離職や介護転職、あるいは介護疲れによる介
護者の身体的精神的な変化、様々な問題を背景にした高齢者虐待の問題
等々、個々の状況によって、介護の場の現状は、多様化しており、問題も
多岐にわたっていると言えるでしょう。

高齢者介護の課題

　何と言っても、介護の担い手である家族の人数が圧倒的に少なくなって
います。したがって、主に介護を担当する人が孤立してしまいます。いざ
というときに代わってくれる人がいません。介護される側である高齢者本
人はもちろんですが、介護する側も人生が大きく転換してしまいます。終
わりの見えない毎日の中で、生活すべてが介護中心になり、どんどん追い
込まれていきます。

3.介護保険制度

・

介護保険制度とは

　現在、わが国は、介護保険制度によって介護の仕組みが整備されていま

す。介護保険制度は、在宅介護を基本としているものです。できるかぎり自宅での生活を継続することを目指します。それは、高齢者本人にとっても、慣れた場所で安心して暮らせることにつながります。介護の必要度に応じて、デイサービスやショートステイ、訪問介護などの様々なサービスを利用できる仕組みになっています。

　介護保険制度は、自立を支援するということを基本理念としています。たとえ、介護が必要な状態（要介護状態）になっても、すぐに全介護の状態になっているのではなく、その段階その段階で自分でできることがあることが多いものです。自分でできることは自分で行う、できないことについて、できない状況に応じて援助するということを基本にしています。そのことによって、住み慣れた場所での生活をできるだけ継続するようにします。

　このことを具体化するために、次の二つの視点で、今、できること、援助が必要なことを分類し、サービスの提供を行います。

　1　日常生活動作　ADL　＝　普段の生活において必要な基本的な動作
　　（食事、排泄、入浴、移動、寝起など）

　2　手段的日常生活動作　IADL　＝　ADLを基本にした日常生活上の
　　複雑な動作（買い物、洗濯、電話、薬の管理、金銭管理、乗り物など）

介護保険制度の成立

　介護保険制度は、「ゴールドプラン」と名付けられた高齢化保健福祉推進計画によって成立してきました。1989年のゴールドプランでは、自治体がその地域の実態を踏まえ老人保健福祉計画を策定し、特別養護老人ホームなどの施設が整備されていきました。1994年の新ゴールドプランでは、在宅介護の充実を目指し、介護ヘルパーの養成が具体的に行われました。そして、2000年のゴールドプラン21で、現在の形の介護保険制度が導入されました。

介護保険制度の成立は、従来の「措置」という行政的な決定で援助内容が決められる方法から、利用者を主体とした「契約」への転換でした。これは、制度を利用しようとしている人が自らサービスの内容を選択し、サービス提供機関と直接契約するというもので、一人一人のニーズに合ったサービスが受けられることを目指した制度です。

　みなさんは、高齢者のデイサービス施設で介護等体験を行うことが多いと思いますが、そこを利用している高齢者の方々は皆、個々で異なるサービスを契約し、訪れています。週に２回利用している方もいれば、週３回の方もいるでしょう。入浴をする方もいればしない方もいます。

　また、契約ということを考えるとき、利用者は、介護職員という介護のプロから様々な介助を受けるということが契約内容となっているとも言えます。したがって、みなさんのような体験活動の学生や実習生が利用者の食事や入浴のお手伝いをすることは、細かく言うと契約外のことということにもなります。そういう意味でも、「させていただく」という心を持って体験活動に向かうことが必要です。

介護保険制度の概要

　介護保険制度へ加入すると被保険者になります。被保険者は、65歳以上の人が加入する第１号被保険者と40歳以上65歳未満で医療保険に加入している人が対象の第２号被保険者とに分かれています。第１号被保険者の場合、寝たきりや認知症などで常に介護を必要とする場合に保険の給付を受けることができ、第２号被保険者の場合は、初老期認知症、脳血管疾患、がん末期など、老化に起因する一定の疾病により介護や支援が必要となった場合に給付を受けることができます。加入者は、サービスの利用の有無によらず、全員が保険料を納付することになります。

　受けられるサービスの内容や回数は、要支援１～２、要介護１～５の７段階の要介護度によって決められます。要介護では、家庭を訪問するサービスとして、訪問介護、訪問入浴、訪問看護、訪問リハビリテーションなど、日帰りで通うサービスとして、通所介護（デイサービス）、通所リハ

ビリテーション（デイケア）、施設への短期入所（ショートステイ）、福祉用具の貸与・購入、住宅の改修、特定施設入居者生活介護（介護付き有料老人ホーム等）、介護サービス計画（ケアプラン）の作成があります。

　また、要支援は、予防サービスを受けます。家庭を訪問するサービスとしては、介護予防訪問介護（ホームヘルプ）、介護予防訪問入浴、介護予防訪問看護、介護予防訪問リハビリテーションで、日帰りで通うサービスとして介護予防通所介護（デイサービス）、介護予防通所リハビリテーション（デイケア）、施設への短期入所（ショートステイ）、福祉用具の貸与・購入、住宅の改修、介護予防特定施設入居者生活介護（介護付き有料老人ホーム等）、介護予防ケアプランの作成となります。

　これらについては、各自治体のホームページで確認できますので、参照してみてください。

4. 障害者福祉

・

障害者福祉の制度

　障害者福祉の制度は、障害者基本法をもとに、様々な法律が定められています。障害種別には、身体障害者福祉法、知的障害者福祉法、精神保健及び精神障害者福祉に関する法律などが定められており、それらの枠組みを超えた総合的な自立支援を支える障害者の日常生活及び社会生活を総合的に支援するための法律（障害者総合支援法）があります。

　障害者総合支援法は、2005年に制定された障害者自立支援法に代わり、自立支援給付と地域生活支援事業を中心とした制度として、2013年から名称変更という形で施行されている法律です。自立支援給付は、①介護給付費、②訓練等給付費、③自立支援医療費、④補装具費の四つに大別されており、障害程度区分によって必要なサービスを受けるシステムとなっています。

第4章 ● 社会福祉に関する基礎的な事柄　　65

基本理念としての障害者権利条約

　障害者の権利に関する条約（通称、障害者権利条約）は、2006年12月の第6回国連総会において採択されました。あらゆる障害のある人の尊厳と権利を保障するための人権条約で、「Nothing about us without us！」（「われわれのことを我々抜きで勝手に決めるな」）のスローガンが全世界に向けて発信されました。日本政府は、2007年に署名を行い、様々な国内法の整備を行った後、2014年1月に批准しました。

　この条約は、まず1993年に出された「ウィーン宣言および行動計画」の、すべての人権と基本的自由は普遍的であること等を再確認し、障害を理由としたあらゆる分野における区別、排除、制限、そして合理的配慮の欠如といった差別をなくすことを内容としています。

　この条約で示された理念は、世界のあらゆる人々と共有する理念として、各国の障害者福祉制度のベースになるものです。わが国では、この条約が採択されて以降、障害者基本法改正（2011年）、「障害を理由とする差別の解消の推進に関する法律」（障害者差別解消法）の制定（2013年）、障害者雇用均等法改正（2016年）、障害者差別解消法の施行（2016年）と法整備が進められています。

障害を理由とする差別の解消の推進に関する法律

　障害を理由とする差別の解消の推進に関する法律（通称、障害者差別解消法）は、2013年に成立、2016年4月から施行されています。この法律には、障害を理由とした差別的取り扱いの禁止、合理的配慮の提供義務という二つのポイントがあります。障害を理由とした差別的取り扱いには、まず、等しい者を異なって扱う差別があります。例えば、入り口に段差があって初めから車椅子を利用している人が入場できないような施設は、この差別に該当する可能性があります。もう一つの差別は、異なる者を異なって扱わないという差別です。これは、障害があることによって生じる個々のニーズに適切に対応しない差別と言えます。障害によって生じるニーズは、個人の障害の状態だけでなく、環境との関係で生じるものです。

つまり、ニーズというのは、個別に生じる社会的障壁を意味するとも言えます。合理的配慮は、こうした個別のニーズに対して提供されるもので、異なる者を適切に異なって扱うためのものと言えます。

合理的配慮は、英語で言うと、Reasonable Accommodation です。みなさんは、合理的というとrationalという単語を思い浮かべるかもしれません。しかし、ここで言う合理的という語は、reasonableです。つまり、合理的配慮は、直訳すると「理に適った助け」となります。したがって、合理的配慮の具体的な内容は、誰から見ても納得のいくものであるということが必要で、そのためには、本人や家族との合意形成が欠かせません。また、合理的配慮は、個人の思いやりやサービス的な心遣いをベースとしたものではなく、必要に応じて計画的に提供されるものです。

障害のある人の就労

障害のある人の就労については、「障害者の雇用の促進に関する法律」（障害者雇用促進法）によって雇用対策の基本が定められています。障害のある人が一般社会で職業能力を発揮し、働くためには、障害の種類や程度、個々の希望や適性、職業経験などの条件に応じた職業訓練や職業紹介、職業リハビリテーションなどのサービスを受けることができる仕組みが必要です。また、ジョブコーチと言われる職場での適応や環境改善等の専門家による支援も必要です。

企業などの一般の事業所での就労が困難な障害のある人は、授産施設や福祉工場、作業所などで支援を受けながら働くことになります。これは、福祉的就労と呼ばれています。本来、福祉的就労で技術を身につけ一般就労へと移行することが目指されていますが、移行できるケースは少ないとも言われています。福祉的就労は、地域で定められた最低賃金は適応されないため、低い賃金となっており、就労時間も短い傾向があります。

障害のある人に対する生涯教育の機会

　重い障害のある人の多くは、養護学校の高等部を卒業したあと、一般就労や福祉的就労という形で社会に出ることになります。社会福祉の発展で、障害のある人も、様々な援助サービスを受けることが可能になっており、その中で自己実現を図っていくことになり、障害のある人も生き生きと人生を生きていきます。しかし、18歳の年齢で社会人になった後、例えば、自分の興味のある文化的な活動について学んだり、職業訓練を受けて仕事に必要なスキルを伸ばしたり、あるいは何かの資格を取ったりするという機会が保障されているかというと、それは決して十分とは言えません。

　例えば、障害のある人の大学進学率は、近年、大きく伸びてはいますが、障害種別に見ると決して増加しているとは言えないところも見られます。資格を取るための専門学校などへの進学もそれほど広まってはいません。生涯教育という視点で見ると、さらに課題は大きいと言えるでしょう。

課題4－①
　健康で文化的な最低限度の生活とはどういうことか、憲法やWHOのICF、ノーマライゼーションの理念と関連付け、まとめてみよう。

課題4－②
　社会福祉制度における「措置」と「契約」の違いについてまとめてみよう。

第5章
障害のある子供の教育

　わが国の障害のある子供の教育は、特別支援教育というシステムで行われています。介護等体験では、重い障害のある子供が通う、特別支援学校での体験活動が2日間行われます。社会福祉施設での体験活動と違い、子供の成長や発達にかかわる教育という視点から、障害の問題を考えていくことになります。

　ここでは、障害のある子供の教育について、とくにみなさんが体験活動を行う特別支援学校の教育を中心に学びましょう。

01 特別支援教育の 基本的な考え方

1.サラマンカ声明

・

　障害のある子供の教育は、ノーマライゼーションの理念に基づき、差別や排除をせず、基本的権利としての教育を受ける権利が保障される教育制度全体の中に位置づけられています。

　この基本理念は、「サラマンカ声明」によって世界的に共通理解されたものです。サラマンカ声明は、1994年の6月にスペインのサラマンカ市で開催された「特別ニーズ教育世界会議（特別なニーズ教育に関する世界会議：アクセスと質）」において採択された声明です。この会議は、ユネスコとスペイン政府で共催されたもので、世界の各地域から92か国が参加して行われました。声明では、教育は障害児を含む「すべての」子供たちの基本的権利であること、そして、各国の教育制度をインクルーシブなものとし、すべての児童の多様性を考慮して策定するという方向性を強く打ち出しています。

2.特別支援教育の理念

・

　わが国の障害児教育のシステムも、基本的に上記のサラマンカ声明の理

念を踏まえて様々な改革が行われています。そのもっとも大きな改革は、2007年の改正学校教育法の施行による「特殊教育」から「特別支援教育」への転換です。それまでのわが国の障害児教育のシステムは、「特殊教育」という枠組みで行われていました。これは、障害のある子供の教育を、盲学校や聾学校、養護学校という特殊学校、または小中学校に設置される特殊学級といった特別な場で行われるものと位置づけ、その他の場では障害に応じた特別な教育の実施は法的に義務づけられていませんでした。

これに対し、「特別支援教育」では、障害のある子供の教育を特別な場で行うのではなく、個々の障害のある子供の特性によって生じている教育的ニーズに応じて行うと考えています。障害のある子供は、どこの場にもいます。例えば、小中学校の通常の学級には、6.5％ほどの発達障害の疑いのある児童生徒が在籍しているということが分かっています。わが国全体で子供の人口が減少している中、知的障害を対象とする養護学校の在籍数は、増加しています。医療の発展と相まって医療的ケアが必要な児童生徒も増えています。こうした特別なニーズのある子供に対して、十分な教育的支援を行い、すべての人の教育を受ける権利を保障していこうというのが、わが国の特別支援教育の制度です。

3. インクルーシブ教育

•

インクルーシブ教育は、障害のある子供など多様な子供を包み含み、誰も排除しない教育を実現するための理念であり、システムです。とかく、インクルーシブ教育は、特別支援教育のシステムだと考えられがちですが、教育制度全般にかかわるものです。特別支援教育は、このインクルーシブ教育を実現するために重要な役割を果たすものとして位置づけられます。

第5章 ● 障害のある子供の教育　71

02 特別支援学校の教育

1.障害児教育の歴史から

・

　わが国で初めて設立された障害のある子供のため学校は、京都盲唖院です。1878年に古河太四郎によって設立されました。学校教育制度のなかった江戸時代から寺子屋で障害のある子供が「教育」を受けていたという記録もありますし、明治維新前後には私塾のような場に障害のある子供が通っていたようですが、わが国の公的な障害児学校としては、京都盲唖院が最初です。京都盲唖院は、視覚障害と聴覚障害を対象としており、その後、全国的にこれらの障害を対象とした盲学校や聾唖学校が多くの地域に設立され、教育効果を上げていきました。1923年には、「盲学校・聾唖学校令」が出され、視覚障害と聴覚障害の二つの障害については、法的にも学校教育の対象として位置づけられていきます。一方、他の障害については、学校教育としてではなく、今で言う社会福祉である慈善事業の対象として歩みを始めるというようになります。二つの道に分かれていったとも言えるでしょう。

　第二次世界大戦後の教育改革によって、盲・聾・養護学校すべてが法的に位置づけられましたが、学校数や教員の不足等を背景に、障害の重い子供、とくに養護学校の対象であった子供たちには就学猶予や就学免除の規定が当てはめられ、義務教育を受けられない時代が長年続きました。就学猶予や就学免除規定がなくなり、重度の障害がある子供も含めてすべての

子供が義務教育を受けられるという完全義務化は、教育基本法の制定から33年後の1979年のことでした。そこでようやく戦後の教育改革が完成したとも言えるのです。

　しかし、その時代は、すでにノーマライゼーションの理念に基づいた福祉や教育の思想が発展し、障害のある子供を地域から分離させる教育システムは、時代のニーズには合っているものではありませんでした。世界的な流れは、インクルーシブ教育の方向にシフトしていました。そこで、わが国も、2007年に学校教育法の改正が行われ、特殊教育から特別支援教育へ転換したのです。

2.特別支援教育システムでの特別支援学校

・

　先述したように、現在の特別支援教育のシステムは、2007年の学校教育法改正によってできたシステムです。それより前の特殊教育時代の障害児学校は、特殊学校と言われ、盲学校、聾学校、養護学校の3種類に分か

表1　特別支援学校の種類別学校数と在籍幼児児童生徒数
（2015年度文部科学省データ）

区分	学校数	在籍幼児児童生徒数				
		計	幼稚部	小学部	中学部	高等部
視覚障害	83	5,716	215	1,767	1,229	2,505
聴覚障害	118	8,625	1,174	3,139	1,943	2,369
知的障害	745	124,146	218	34,737	27,987	61,204
肢体不自由	345	32,089	132	13,541	8,316	10,100
病弱・身体虚弱	145	20,050	32	7,490	5,604	6,924
総計	1,114	137,894	1,499	38,845	31,088	66,462

第5章 ● 障害のある子供の教育　　73

れていました。現在の特別支援教育の制度になって、これらの盲、聾、養護学校は、法的に特別支援学校として統一されました。子供の障害は、特殊教育の時代から、視覚障害、聴覚障害、知的障害、肢体不自由、病弱・身体虚弱の五つの領域に分けて考えられていましたが、統一された特別支援学校も、それぞれの学校によって、どの障害領域を主として対象とするかが決められています。主として視覚障害領域を対象とする特別支援学校は従来の盲学校、聴覚障害は聾学校、知的障害、肢体不自由、病弱・身体虚弱は養護学校ということになります。**表1**は、2015年度の特別支援学校数と在籍幼児児童生徒数です。

3. 特別支援学校の教育課程

・

　そもそも教育課程とは、「学校教育の目的や目標を達成するために、教育の内容を児童生徒の心身の発達に応じて、授業時数との関連において総合的に組織した学校の教育計画」（文部科学省）です。つまり、教育課程は各学校が主体的に編成するものです。編成に際しては、まず、学校の教育目標が設定され、関係法令や学習指導要領を遵守し、それらと学校教育目標に基づいて指導内容が組織化され、授業時数などが配当されます。

　特別支援学校の教育課程には、障害によって生じる困難を改善克服するための自立活動領域が加わりますが（**表2**）、編成における基本原則は、他の学校種と何ら変わるものではありません。特別支援学校の教育については、特別支援学校幼稚部教育要領、特別支援学校学習指導要領が示されており、これに基づいて各学校が主体的に教育課程を編成するわけです。

　特別支援学校の教育課程は、次のように大きく三つに分類されます。

① 準ずる教育課程

　これは、知的障害を伴わない障害の子供を対象にした教育課程で、

表2　特別支援学校学習指導要領で示されている自立活動の目標と内容

目標	個々の児童又は生徒が自立を目指し、障害による学習上又は生活上の困難を主体的に改善・克服するために必要な知識、技能、態度及び習慣を養い、もって心身の調和的発達の基盤を培う。
健康の保持	(1) 生活のリズムや生活習慣の形成に関すること。 (2) 病気の状態の理解と生活管理に関すること。 (3) 身体各部の状態の理解と養護に関すること。 (4) 障害の特性の理解と生活環境の調整に関すること。 (5) 健康状態の維持・改善に関すること。
心理的な安定	(1) 情緒の安定に関すること。 (2) 状況の理解と変化への対応に関すること。 (3) 障害による学習上又は生活上の困難を改善・克服する意欲に関すること。
人間関係の形成	(1) 他者とのかかわりの基礎に関すること。 (2) 他者の意図や感情の理解に関すること。 (3) 自己の理解と行動の調整に関すること。 (4) 集団への参加の基礎に関すること。
環境の把握	(1) 保有する感覚の活用に関すること。 (2) 感覚や認知の特性についての理解と対応に関すること。 (3) 感覚の補助及び代行手段の活用に関すること。 (4) 感覚を総合的に活用した周囲の状況についての把握と状況に応じた行動に関すること。 (5) 認知や行動の手掛かりとなる概念の形成に関すること。
身体の動き	(1) 姿勢と運動・動作の基本的技能に関すること。 (2) 姿勢保持と運動・動作の補助的手段の活用に関すること。 (3) 日常生活に必要な基本動作に関すること。 (4) 身体の移動能力に関すること。 (5) 作業に必要な動作と円滑な遂行に関すること。
コミュニケーション	(1) コミュニケーションの基礎的能力に関すること。 (2) 言語の受容と表出に関すること。 (3) 言語の形成と活用に関すること。 (4) コミュニケーション手段の選択と活用に関すること。 (5) 状況に応じたコミュニケーションに関すること。

各学部に相当する学校（小学部なら小学校、中学部なら中学校）の教育課程編成領域に自立活動を加えて編成されます。

② 知的障害特別支援学校における教育課程

　これは、知的障害のある子供を対象にした教育課程で、知的障害の程度や特徴を踏まえ編成されます。各教科と教科外活動で構成されますが、一部またはすべてを合わせた活動で指導を行うこともできるものです。

③ 障害の状態などを考慮した教育課程

　これは、障害の程度が重く複数の障害が重複している子供を対象とするものです。自立活動中心の指導内容で編成されたり、訪問教育などの教育活動を計画する等、個々の実態に応じて編成されます。

4.特別支援学校の三つの役割

・

① 特別支援学校に在籍している子供の教育

　特別支援学校に在籍する子供は、障害の重い子供たちです。特別支援学校は、障害の重い子供たちの教育を、その障害の状態に応じて進めていきます。

② 特別支援学校に在籍していない障害のある子供たちの教育相談や特別支援教育

　特別支援学校には、地域の特別支援教育のセンター的機能があります。幼稚園や保育園に通っている幼児、地域の小中学校や高等学校に在籍している児童生徒の教育相談や、教室や学校生活での合理的配慮等に関する助言、あるいは学校によっては、通級による指導を担当します。

③ 学校に入学する前の乳幼児や幼児や学校を卒業した成人などの支援

　医学の発展と共に、障害の早期診断が進んでいます。障害がある乳

幼児、幼児の専門的な教育は、できるだけ早期に開始することが必要です。特別支援学校は、地域の福祉や保健と連携しながら乳幼児期からの教育相談、早期支援を行っています。また、特別支援学校や地域の学校を卒業したあとの就労に関する相談、新しい環境への適応を支援する移行支援や、障害のある成人を対象にした生涯教育としての役割も期待されています。

課題5－①

　目がまったく見えない（全盲）の小学生に、「テコの原理」を実験で教えるとします。どのように展開するか考えてみよう。

課題5－②

　知的障害の児童が各教科の授業を受けることの意義は何だろう。

課題5－③

　特別支援学校小学部の知的障害の児童で、ブランコが好きで、休み時間が終わってもなかなか教室に入って来ない子供がいます。何とかして教室に入ってもらおうと思います。さて、どのようにしてみようと思いますか？　いくつか方法を考えてみよう。

課題5－④

　知的障害の小学生（高学年）にゲームを指導します。音楽が鳴っている間は体育館の周囲を走り、音楽が止まったら中央の円の中に集まるというゲームです。ところが、音楽が鳴っている間も円の中を走ってしまう子がいます。どういう工夫が有効か、考えてみよう。

コラム❸

「教場啞」の指導（明治37年「信濃教育」216号より）

　明治37（1904）年に発行された機関紙「信濃教育」216号には、「教場啞について」と題された実践報告がある。教場啞は、「ろうニアラズ思想ヲ有シ言語ヲ有スル生徒ニシテ学校教室ニオイテ一語ヲモ発シ得ザリシ」と説明されている。現在で言う場面緘黙症であろう。「教授者ガ何カ一言半句ヲ言ハセントスレバ其時大概多クハ横後ヲ見ナガラ下向キ顔赤ラメ頭ヲタレ居リ一、二回促セバ泣クヲ常トス」と指導に苦慮する様子が表されている。そのため、教師は、「責メズ促シモセズ強ヒテ迫リモセデ成ルベク物柔ラカニ取リ扱」うこととし、様子を見ながら少しずつ指導を行ったようである。その子供は、地主の家の跡取りで、親の期待も大きく、学業成績も悪くなかった。そこで、あるとき教師は、「汝ノ家ノ資産ニテハ高等小学ハ勿論中学ニモ入ルヲ得ルナリ」と教科書の音読をすることを説得する。すると、本人「読ミマス」と答えたので、教師は、休日に自宅へも呼び音読の練習を行うことにする。そして、いよいよ当日、いつものように順に子供たちを指名して読ませ、その子供を指名すると「全級生徒ノ視聴ハ此一生ニ集マリ教室内セキトシテ人ナキガ如シ」という状況になる。教師は、「此レマデノ苦心焦慮ハ水泡画餅ニ帰サン」と諦めかけるが、そのとき、その子供が何か一生懸命読もうとしている様子が見えたので、教師が先に立って読み始めるとその子供は「其ノ声ニ和シテ読ミ始」めたということである。

　この報告では、まとめとして、次の5点が挙げられている。「一、教師ヲ恐レシメズ成ルベク親シマシムルコト」（教師との信頼関係の重要さ）、「二、教室内着席ハ前方ニ隣生ニハ快活ニ読書ヤ談話ヲナシ且ツ其児童ト親交ナルモノヲオキ」（座席等の環境整備、他生との関係）、「三、斯ル児童ニ接スルニハ冷笑ヤ強ク迫ルコトナドハ其最モ避クベキ所ナリ」（受容的、共感的対応）、「四、教育ニ精通セラレシ経験家ナラバ二、三週間ニテ可ナルベク」（経験や研鑽の重要さ）、「五、聞ク所ノ催眠術ナラバ二、三回ニテ奏効アラント」（心理的なアプローチの効果）。「催眠術」を心理的アプローチと解釈してみたが、18世紀末にアメリカで展開された職業指導運動が明治30年代になってわが国にも導入されている。職業指導として行われたガイダンスは、現在の教育相談の原型とも言える。

第6章
体験活動の実際

　ここでは、介護等体験の事前の申し込みなどの手続き、準備、体験活動の内容、実施後の様々な事務処理などの実際について説明します。これらについては、地域や大学ごとに異なる内容もありますので、詳細は、大学の該当部署や事務、事前指導を担当する教員、そして体験活動を行う各施設などの指示、指導に従うようにしましょう。

01 申し込みから準備まで

申し込み

　4月には、申し込みに関するガイダンスが開催されます。申し込み手続きは、締め切り日までの期間が短く、必要な書類や返信用封筒など、提出物が多くありますので、漏れなく、確実に期日までに申し込みましょう。

　巻末に参考資料として申込書（希望者名簿）のサンプルを示してあります。ここでは、体験活動を行うときの住所を必ず記入します。この住所に基づいて体験場所が決められます。例えば、同じ県内に実家があって、そこから通いたい場合は、実家の住所を記入するようにします。日程の希望欄には、大まかに「8月の上旬」などと記入することができます。しかし、同じ県内のたくさんの大学から希望学生名簿が集まるため、希望通りの日程になることは、非常に難しいと思っていてください。

　申し込み時には、切手を貼った返信用封筒、体験活動費用などの納入が同時に必要になる場合があります。ガイダンスなどの説明会には必ず出席し、配布された説明資料などを熟読して間違いがないように確実に申し込みを行ってください。

　大学の事務に申し込みを行うと、事務では体験希望学生の名簿を作成し、社会福祉施設での体験については県の社会福祉協議会等へ、特別支援学校での体験活動については都道府県の教育委員会へと関係機関に送付されます。県内の大学からの希望は、これらの機関でそれぞれ期日や体験場所を振り分けていきます。

麻疹の抗体検査

　申し込みを行う時期に必ず行っておかなければならないのが、麻疹の抗体検査です。高齢者や子供が利用する施設で体験活動や実習を行うときは、あらかじめ麻疹の抗体があることを確認しておくことが必要です。高齢者や子供たちが大勢集まる場所は、感染が拡大し、大きな流行になるリスクがあります。感染症の中でも麻疹は重篤な後遺症を発症するもので、十分な注意が必要です。これは、該当する省庁（厚生労働省など）から大学や専門学校宛に通知が出されており、厳しく求められています。

　多くの人が幼少期に麻疹の予防接収を受けていると思いますが、抗体は、成長と共に徐々に弱くなり、成人に達するころには陰性の域に達している場合も多いものです。抗体検査は、最寄りの内科医院などで受けることが可能です。抗体の程度によっては、予防接種を受けることが必要です。自己判断せず、まずは医療機関で検査を受けましょう。申し込み時期の前後でいいので、できるだけ余裕をもって検査を受けるようにしましょう。

日程の決定と予定調整

　申し込みをした後、およそ1か月から2か月ほどで日程と体験施設が決まります。特別支援学校での体験活動は連続した2日間、社会福祉施設での体験活動は連続した5日間です。特別支援学校は、学校の授業日に設定されますので、ほとんどが平日になりますが、学校行事などの関係で土日などがあたる場合も稀にあります。社会福祉施設は、土日や祝日、あるいは夏の場合はお盆などにあたる場合もあります。大学の掲示板などで自分の日程を確認し、すぐに自分の手帳などに書き入れるようにしましょう。

　それぞれの日程を確認後、第一に行うのは、決められた日程で体験活動が行えるように予定を調整することです。原則として日程変更は不可能です。みなさんの多くは、授業のない夏休みに体験活動を行いたいと考えていると思いますが、多くの学生がこの時期を希望しますので、夏休みだけに体験活動を組み入れることはできません。授業期間中にあたった場合、

第6章 ● 体験活動の実際　　81

授業を欠席して体験活動を行う必要があります。サークル活動やアルバイトなども調整をしておくことが必要です。社会福祉施設5日間、特別支援学校2日間の合計7日間は、介護等体験の活動に専念できるように、確実に予定を組んでください。

持ち物

　次に、申し込みを行ったときに提出した返信用封筒などで各施設から持ち物や集合時間の詳細が書かれた通知が届きます。およそ1か月前になったら、その通知を見て、準備を開始しましょう。体験活動を行う施設や学校によって準備するものは様々です。また、同じ施設や学校でも、季節によって活動内容が異なることも多くありますので、よく読んで、間違いなく準備を進めましょう。

　また、施設や学校の中では、公共交通機関を使って来所することを指示している場合も多くあります。乗車ルートなどを必ず確認しておきましょう。もしも初めて行く場所だとすると、1週間くらい前に下見に行くということも大切な準備です。

　これらの準備を含め、必ず指示通りに準備を進めましょう。分からないことがあった場合、自己判断をせずに、大学の担当事務と相談をし、問い合わせなどをしながら進めてください。

関係書類の準備

　巻末の参考資料に、介護等体験時に準備する書類のサンプルを示してあります。これらの内容や種類は、該当する大学によって異なりますので、それぞれの大学の指示に従うようにしましょう。

① 自己紹介書

　　自己紹介書は、体験者がどういう人物かを簡単に知ってもらうための書類です。以下の点に注意して記入してください。

　　　・鉛筆書きではなく、黒ボールペンで記入すること。

・読みやすい丁寧な文字で記入すること。

・空欄がないようにすべての欄に記入すること。

・体験活動の目標の欄は、箇条書きではなく、自分が体験活動でどのようなことを学びたいと考えているかをできるだけ具体的に記入すること。

　記入した自己紹介書は、体験活動の初日の朝に直接担当者に提出してください。事前に打ち合わせがある場合は、その日に提出してください。また、2か所の施設、学校それぞれに作成し、コピーを提出してはいけません。

②体験活動記録用紙

　体験活動では、1日ごとに記録をとるようにします。巻末の参考資料に、大学が用意している記録用紙のサンプルを示しています。社会福祉施設は、5日間ですので、第1ページと第2ページを使用してください。特別支援学校は、2日間ですので第1ページのみ使用します。

　1日の最後に体験活動を振り返り、活動内容、反省、翌日の目標等を記入します。施設や学校の担当の方に見ていただき、コメントとサインをお願いします。ただし、コメントは、「もしもお時間があれば」とお願いするようにしてください。多くの利用者、生徒、または実習生が重複している場合もありますので、目を通していただきサインのみしていただくことでもかまいません。

　施設や学校によっては、「最終日にまとめて記入するように」「大学の用紙ではなく施設側の用紙に記入するように」といった指示がある場合もありますので、それぞれ指示に従ってください。

　体験活動記録用紙は、必ず体験活動終了後返却してもらい、大学の担当事務などに終了の報告時に提出しましょう。施設や学校の用紙に記入した場合、そのまま提出することを求められることもありますが、大学に記録用紙を提出する必要がある旨を説明し、コピーをとらせてもらってください。

第6章 ● 体験活動の実際　　83

③介護等体験証明書

　社会福祉施設、特別支援学校でのそれぞれの体験活動が終了すると、施設や学校から証明書が発行されます。巻末に証明書用紙のサンプルがあります。それぞれの体験活動ごとに2通ずつ用意が必要です。必ず初日にこの証明書用紙を持参し、担当者に提出するようにします。最終日に、必要事項が記入され、署名公印欄に記入捺印がされたものが返却されますので、その場で、氏名や生年月日、本籍地（都道府県）、活動の期日、体験場所（施設・学校名）、体験内容、公印の押印などを確認しましょう。あらかじめ氏名や本籍地などの記入を求められることもあります。とくに本籍地は、前もって親御さんに確認をしておいてください。

　活動終了後、大学の事務などに終了報告を行う際、提出します。大学によっては、事務で保管してくれるところもありますが、原則として、原本は自分で保管することが必要です。卒業時に教員免許状の一括申請を行う人は、2通の原本を添えて申請を行う必要がありますので、確実に保管するようにしてください。

④その他

　大学によっては、大学発行の文書などの書類が加わることもあります。また、施設や学校から他の書類の提出が求められることもありますので、ガイダンスでの説明や通知に注意し、準備を進めましょう。

02 体験活動当日の注意

訪問時の服装

　服装については、事前の通知で指示されている場合、その通りにしましょう。

　よく「動きやすい服装」という指示が書かれていることもありますが、その場合は、最初から動きやすい、トレーナーとズボンなどの服装でもよいということです。あるいは、持ち物として「ジャージ」などと書いている場合がありますが、その場合は、着替えを持ってくるようにという指示ですので、注意しましょう。

　特別支援学校の場合は、児童生徒にとっては、教育実習生と同じ立場になるとも言えますので、スーツ着用で「通勤」するつもりで訪問することが望ましいと言えます。

清潔と安全に注意

　服装だけでなく、全体的に清潔で安全に配慮するように心がけましょう。例えば、爪が伸びていると思わぬ事故につながります。男性は、無精ひげにも注意しましょう。また、男性も女性も、髪型にも注意が必要です。とくに、髪が長い場合、髪の毛が顔にかかってしまうと活動しにくくなることがありますし、高齢者や子供にとっては、みなさんの笑顔や話をするときの口元、表情などが見えにくくなってしまいます。

第6章 ● 体験活動の実際　　85

集合時間

　事前の通知には、初日の集合時間が指示されています。時間を確認し、それに間に合うように到着できるように、事前に交通機関などルートを調べておきましょう。できるだけ余裕をもって行動できるように、およそ10分前には到着していることが望ましいでしょう。

必ず指示された通りの方法で通うこと

　多くの施設や学校では、駐車や駐輪スペースが限られているため、自家用車や自転車で訪問できるところは多くはありません。通知に「公共交通機関を利用すること」などと記入されていますので、必ずそれを守るようにしてください。近くにコインパーキングなどがあるとも限りませんので、自己判断は禁物です。

あいさつを確実に

　施設や学校には様々な人がいます。そこで出会う人は、すべて関係者です。まず大切なのは、あいさつをしっかり行うことです。小さな子供にも丁寧にあいさつをしましょう。また、返事や言葉遣いにも気をつけることが必要です。

緊急に連絡が必要になったら

　あとでも説明しますが、例えば、当日、事故や渋滞、その他の理由で交通機関に遅延が生じるなど、緊急の場合、できるだけ早く施設や学校に連絡をしましょう。また、途中で忘れ物に気がついた場合なども、勝手に戻るのではなく、きちんと連絡をして事情を説明し、指示を受けるようにしましょう。

03 体験活動後

最終日には

　最終日は、体験活動のまとめの日ですので、体験する活動を総括するつもりで最後まで気を抜かず行うようにしましょう。記録や感想などをまとめる時間がありますので、よく活動の期間のことを思い出しながら、良かったところ、反省点、どんなことを学んだかを振り返りましょう。

　また、利用者の方々や子供たちにきちんとお別れし、お礼の気持ちを伝えることも大切です。施設や学校の職員にお礼を言うことを忘れないようにしましょう。直接指導をしていただいた職員、先生はもちろんですが、様々な手続きでは、事務職員にもお世話になっています。学校には、事務室がありますので、最後には必ずお礼を言うようにしましょう。

事後の報告やレポートも確実に

　体験活動が終わったら、翌日などできるだけ早く、大学の担当事務に報告を行うようにします。そのときに、返却された証明書や記録などを持参するようにします。大学によって対応は異なりますが、コピーをとって確認をしてくれるところも多いと思います。証明書の原本は、みなさん自身が保管するように決められている大学も多いので、紛失することがないように確実に保管しましょう。

　また、大学によっては、活動後の感想レポートを必須としているところも多くありますので、期日までに必ず作成して提出するようにしましょう。

お礼状を書こう

　お世話になった施設、学校宛にお礼状を書いておきましょう。葉書でけっこうです。また、文面も形式的なことではなく、自由に書いてかまいません。心を込めて、丁寧に、自分の言葉でお礼を書くということが大切です。およそ2週間以内に投函することが大切です。

　お礼状の文例

　先日、〇月〇日〜〇日に介護等体験でお世話になりました〇〇〇〇です。〇日間、大変お世話になりました。初めは、緊張し、不安も大きくありましたが、みなさん、とりわけ利用者様（子供たち）の笑顔や優しさに接し、安心して活動を行うことができました。期間中は、いろいろとご迷惑もおかけしましたが、この活動で学んだことを今後の学習に生かしていきたいと思います。利用者様（子供たち）、職員のみなさんによろしくお伝えください。

　　　　　　　　　　　　　　　　　　〇〇大学〇〇学部〇年　　〇〇〇〇

体験したことを、これからの教職の学びにどう生かすか

　みなさんは、それぞれの体験活動の前に、どんなことを学びたいかという目標を立てたと思います。体験活動が終わったら、そうした目標がどのように達成されたかを考えてみましょう。また、この体験活動を通して学んだことが、みなさんそれぞれの今後の学習、とくに教職の学びにどのように生かしていくことができるでしょう？

　きっと、積極的に、全力で体験活動に向かった人ほど、学んだことは多く、内面での変化は大きいはずです。そうしたことを意識してこれからの学習に励むことが必要です。

04 体験活動のポイント

「違い」と「同じ」をたくさん見つけよう

　みなさんの中で、実際に介護が必要な高齢者や障害のある人と触れ合った経験のある人は、あまり多くはないでしょう。介護が必要な高齢者や障害のある人には、「障害」と言われる様々な異常や制限、制約があります。そうした「違い」をたくさん知ることは、正しい理解をしていく上で重要なことです。一方、健康な人との違いばかりではなく、「同じ」ところを知ることも欠かせません。「同じ人間として」尊敬の念を持って接することがもっとも大切なことだからです。そのためには、介護施設を利用している人や特別支援学校で学ぶ子供たち一人一人の「良いところ」をたくさん見つけ、「違い」と共に「同じ」をたくさん発見してみてください。

笑顔を心がけよう

　期間の限られた体験活動は緊張することも多いでしょうが、施設の人や学校の子供たちにとっても、人が訪れることは特別なことです。お互いの緊張がほぐれるように、笑顔を心がけて過ごしましょう。みなさんの笑顔は、周りの人たちの緊張をやわらげ、幸せをもたらします。

一緒に体験する仲間と

　施設や学校では、同じように介護等体験をする学生と体験活動の日程が重なることが多くあります。他大学の学生と一緒になることも多くあります。また、社会福祉施設では、保育士や看護師、介護福祉士、社会福祉士

第6章 ● 体験活動の実際　89

などの実習を行っている人もいます。目指す目的は違っていても、同じ場所で活動する仲間として、分からないことを聞き合うなど、お互い協力し合うようにしましょう。朝、なるべく早くお互い自己紹介をし合い、懇談の機会などを利用して、感想なども話し合いましょう。こうすることによって体験が何倍にも広がります。

じっくり話を聞こう

　教育も福祉も、人とのかかわりが基礎となります。人とのかかわりでは、「相手の話を聞く」ことが初めの一歩です。話を聞くことは、相手の言葉を聞くことではなく、相手の気持ち、動き等を受けとめていくことです。利用者の方、子供たちの言いたいことや思っていることを汲み取るようにしてみましょう。そこからコミュニケーションがスタートします。

「自分の表情を見てもらう」つもりで

　あなたも相手も初対面ですので、どのような人かまだ分からず、お互い緊張していることも多くあります。例えば、いきなり、利用者さんや子供を強く見てしまうと、うまくきっかけが作れないこともあります。「相手を見よう」というより「自分をよく見てもらおう」という気持ちでかかわると、お互いに気が楽になり、笑顔も自然に出るようになります。

安全に留意して

　体験活動を行う施設や学校には、医療的な行為が行われている場合があります。また、病気や障害の特徴によっては、私たちの日常では想定しにくい人や物の動き方が起こる場合があります。まず、施設を利用する方々や学校の子供たちの安全に気を配ってください。そして、みなさん自身の安全に十分注意しましょう。いろいろなことが起こる可能性がありますので、判断が難しい場合があるかもしれません。分からないときは遠慮せず、また自己判断せず、近くの施設の職員や教員などに伝え、指示を仰ぎましょう。

集合・訪問時

　指定された時間に遅れずに到着するように注意しましょう。着替えや手洗い等準備の時間を考慮して、ゆとりをもって早めに行動することが重要です。もし、何らかの事情で遅れる場合は、必ず連絡を入れましょう。

　訪問時には、受付ではっきりとあいさつをし、「本日、介護等体験をお願いしております○○大学○○学部○年△△△△です」等と要件をきちんと伝えましょう。その場では、あなたが、大学の顔、代表です。その場での態度が、大学の社会的評価になると思ってください。

担当者からの説明を聞くとき

　施設や学校の担当者からの説明は、背筋を伸ばし、視線をまっすぐ向けて聞くように心がけましょう。椅子に座ることを勧められたら座ってもかまいませんが、深く腰掛けるのではなく、背もたれには背中をつけず、姿勢よくするようにしましょう。また、必要事項は必ずメモをとるようにしましょう。

　また、「質問はありませんか？」と尋ねてくださいますので、分からないことがあったら、積極的に質問するようにしましょう。大学のガイダンスなどでは、「質問はありませんか？」と尋ねられても、だまって答えない人が多くいますが、それは、社会では通用しません。質問がないときは、「ありません」と声に出して答えましょう。とくに学校教育や社会福祉の現場では、声に出して言葉でコミュニケーションし、お互いに確認し合うことがチーム対応としての基本になります。些細なことですが、そのようなことも学べる体験活動になります。

服装・靴、持ち物について

　服装は、全体的にこざっぱりし、動きやすいものであることが第一です。清潔にも十分気をつけましょう。靴は、かかとの高いものや大きな音がするものは避け、動きやすいものにしましょう。

　持ち物については、前述しましたが、事前に具体的に指示されますの

第6章 ● 体験活動の実際　　91

で、通知書などをよく確認しましょう。昼食を持参する場合や、昼食代金を徴収される場合もあります。その他、上履き、外履き、軍手、エプロン、三角巾、マスク、ジャージ上下、水着（夏場のプール学習に参加する場合）といった細かいものまで指示される場合もあります。新しく購入しなければならないものがないか、早めに確認しておきましょう。

　筆記用具は、指示がなくても必ず持参しましょう。

　携帯電話、音が出る機器は、施設・学校内では使用せず、電源を切っておきましょう。また、身につけずカバンなどに入れておきましょう。

緊急連絡先を登録

　あらかじめ、自分の携帯に、体験活動を行う施設や学校の電話番号、大学の担当事務の電話番号などを登録しておくようにしましょう。体験活動当日に思わぬ事故などで交通機関が止まったり、遅れたりすることもあります。その場合、できるだけ早く連絡をすることが大切です。また、体調を崩して欠席する場合なども必ず連絡が必要です。

05 もしも困ったことが あったら

準備で分からないことがあったとき

通知などを見ても準備や持ち物が分からない場合は、施設や学校に問い合わせてみることが必要です。大学の担当事務が他の学生に関してすでに同じような問い合わせをして回答をもらっている場合もありますので、まず、大学の事務に確認をしてみましょう。直接電話をするときは、大学名、氏名、体験活動予定日をきちんと名乗り、メモを用意して丁寧にたずねるようにしましょう。

当日、発熱など体調が悪くなったら

対象となる社会福祉施設や特別支援学校は、高齢者や障害のある人が利用しているところです。その中には、風邪を引きやすかったり、一旦風邪を引くと治りにくかったりする人が大勢います。体調が悪い場合は、決して無理をしないで、潔く欠席しましょう。とくに、発熱などは感染することも多いので、注意が必要です。すぐに施設に連絡を取り、また、大学への連絡も忘れずにしましょう。欠席した分の日程は、後日別日程で追加してもらえることがほとんどですので、心配せずに、きちんと連絡をして、体調改善につとめましょう。

朝、目が覚めたとき集合時間を過ぎていたら

焦らずに落ち着いて、まず、施設や学校に連絡を入れましょう。率直に謝罪し、正直に理由を話し、また、今から向かった場合の到着時間の目処

第6章 ● 体験活動の実際　93

を伝えましょう。その上で、遅れてでも体験活動を行いたいということを
お願いし、施設や学校側の指示を受けてください。具体的な指示があった
場合は、必ず従ってください。その後、すぐに、大学の担当事務にも連絡
を入れてください。その際、すでに施設や学校に連絡済みであることを伝
え、どのような指示を受けたかも必ず伝えてください。大幅に遅れた場合
は、施設側（学校）と大学事務での話し合いで対応が決められることもあ
ります。

　しかし、絶対に寝坊をしないということがもっとも大切です。

利用者や子供から、「～してほしい」と頼まれたら

　できる範囲で行いましょう。判断できないときは、必ず担当者に確認を
取りましょう。とくに直接的な介助行為は、担当者でないとできないこと
もありますので、必ず担当者の指示に従ってください。できないことを頼
まれたときは「できません」と断りましょう。

利用者や子供の言っていることが分からなかったら

　施設や学校の担当者に頼り過ぎず、自分で直接分かろうと努力してみま
しょう。できるようであれば、身振り手振りを使ったり、手がかりになる
ものを示したり、あるいは「○○のこと？」等と分かりやすい言葉を使っ
て聞き返してみましょう。わからない細かな部分にこだわらず、「うれし
かったんだ」「ビックリしたんだね」「よかったね」等と、気持ちの部分
を共感するようにしてみましょう。

連絡先などの個人情報を教えてほしいと言われたら

　特別支援学校の生徒の中には、ＥメールやＳＮＳを使っている生徒も大
勢います。とくに卒業を控えている高等部の生徒にとっては、大学生であ
るみなさんは、憧れの存在だったり、親や教師とは違った人生の先輩だと
感じたりします。そのことを意識しながらかかわることが必要です。一
方、そういた生徒の中には、相談したいことがあるので住所やメールアド

94

レスなどの連絡先を教えてほしいなどと言ってくる場合もあります。親切心をもって教えたとしても、後々いろいろな問題に発展する可能性がありますので、絶対に教えないようにしましょう。

その他

　事前に入念に準備をしても、当日になると思わぬことが起き、いろいろと困ることもあります。施設や学校に行って、何か困ったことが起きたときは、無理をせず、また我慢しすぎずに、担当者に相談するようにしましょう。また、毎日、活動の記録をつけていき、それを担当者に読んでいただきます。その日の活動全体を通して学んだことや考えたことなどを記入し、翌日の目標なども書き入れますが、困ったことなども添えておくと、翌日に質問しやすくなるかもしれません。担当者によっては、コメント欄に記入してくださる方もいます。体験させていただく身ではありますが、みなさん一人一人もより快適に体験活動が行えるということがとても大切です。

06 成功の秘訣

モチベーションをいかに上げるか

　小学校や中学校の教員免許状を取得するためには、どうしても実施しなければならないのが介護等体験です。しかし、この介護等体験の難しさは、体験活動で経験する様々なことが、直接みなさんの教職のスキルに結びつかないことです。この体験活動は、教職を目指す上で欠かすことのできない、人間性の向上や教師としての資質形成につながるものですが、教育実習などとは異なり、教師に必要な指導技術に関する学びはそれほど多くはありません。つまり、自分自身でこの体験活動に対して主体的に取り組もうという意識を高めていくことが最大の成功の秘訣と言えます。

　そのためには、具体的な目標をもつということがまず大切です。第1章などを参考に、自分なりの目標を具体的に設定してみましょう。そして、その上で、例えば、「介護が必要な高齢者にかかわることや重い障害のある子供にかかわるのは、人生に一度きりの体験になるかもしれない」と考えてみたり、「すべての体験活動が終わったら、自分に特別なご褒美をあげよう」などと自分なりにモチベーションを高める工夫をしてみるとよいでしょう。また、「介護や障害児教育の専門家を目指している訳ではないけれど、数日間だけその気になってみよう」というように意識してみることもよいかもしれません。

不安が大きい場合

　多くの人にとって経験がない体験活動ですので、日程が近づいてくると

不安が大きくなる場合もあります。そんなときは、まず、自分が不安を感じていることを否定せず、そのまま受け止めてみてください。不安の多くは、「知らない」ことから生じているので、時間が経つと（つまり、始まってしまえば）小さくなっていくことが多いでしょう。

　また、たくさんではなく、一つだけ意識するようにします。とくに初日は、例えば「笑顔でいよう」ということだけを意識してみるとよいと思います。

　それから、「高齢者」とか「障害のある人」と見るのではなく、「○○さん」「△△さん」という個人であることを意識してみましょう。実際に「○○さん」と名前で呼びかけてみてください。何度か名前で呼びかけてみるうちに、きっと少し近づいた感じになるでしょう。

パニックになっている子供でも

　障害のある子供の中には、何らかの要因でパニックに陥る傾向のある子供もいます。パニックになっていても、よく見ると周囲の状況に合わせて、行動を調整している様子が見えてくる場合が多くあります。また、一旦、落ち着いたあとは、何ごともなかったように安心して振る舞っていることもあります。初めてこうした状況に遭遇すると驚いてしまいますが、できるだけ大きく反応せず、その子が安心できるように笑顔を絶やさずにいましょう。また、突発的なことには、自分で対処しようと思わずに、担当者である教員などに任せ、見守りましょう。

たとえ、言葉のない自閉症の子供でも

　自閉症は、対人関係や対人コミュニケーションに困難があると言われていますが、この「対人関係の障害」は、「人が嫌い」ということではありません。自閉症があっても人とのつながりを育てていくことが可能ですし、ほとんどの子供がみなさんのような体験活動の学生に対して興味をもって迎えています。

　その子の気持ちに合わせてかかわっていくことで、少しずつ関係ができ

第6章 ● 体験活動の実際　　97

ていきます。たぶん、1日目よりも2日目の方が、グッと近づいた感じになるはずです。例えば、子供の気持ちを察して、その気持ちを言葉にして話かけてみましょう。

認知症の人でも

　介護施設を利用している高齢者の中には、認知症がある人も多くいます。しかし、認知症も様々なタイプがあるので、一人一人、症状はまったく異なっています。言葉でコミュニケーションをとることができる人も多いですし、自分の周りのことだけはだいたいできるという人も多くいます。また、言葉で意思表示をすることが難しい場合でも、言葉以外の方法で、自分の気持ちを表現する人も多いと言えます。

　悲しいことは悲しく感じ、嬉しいことは嬉しく感じる、そうした人間的な心の動きは、認知症の人でもしっかりと持ち続けています。人生の大先輩であることに対しての尊敬の念を忘れずに、一生懸命、心を込めてかかわりましょう。

07 体験活動の例

1.特別支援学校での体験活動例

•

（1日目）

　朝、子供たちが登校前に集合。書類提出などのあと職員打ち合わせ会で自己紹介。その後、運動着に着替え、教務主任、教頭よりガイダンス。2時間目から配属学級へ。担任教員のリードによって子供たちと自己紹介し合う。2時間目終了後の休み時間に交流。3〜4時間目、学年合同の活動に参加。生活単元学習の活動に子供たちと一緒に活動。給食準備を子供たちと一緒に行い、給食も子供たちと一緒にとる。給食後の片付け、清掃活動も一緒に行う。昼休みは、校庭で、ボール遊びや遊具遊びを行う。5時間目に算数や国語の課題学習を行い、その後日記の活動を行った後、終わりの会、下校となる。

　放課後、子供たちの学習の様子などについて担任教員と懇談する。2日目の4時間目に子供たちに絵本を読んであげるように指示され、絵本を選ぶ。まとめの時間で記録などを整理し、16時に体験活動終了。

（2日目）

　先に着替えを行い、子供たちの登校を迎える。朝の会から一日の日課をすべて配属学級で過ごす。2時間目、学年合同の体育に参加。体操、ボールゲーム、マット運動を一緒に行う。3時間目の図工の時間には、フィンガーペインティングの活動を行う。4時間目、絵本読み。前日と同じように給食の活動に参加し、5時間目も課題学習に取り組む。帰りの会で、子

供たちが作ったカードの寄せ書きをもらう。子供たちの下校を見送り、担任教員と懇談。その後まとめの時間で記録を整理。校長室にて学校長に2日間の感想を述べ、校長より2日間の講評を受けたのち、16時に終了。

2. 社会福祉施設での体験活動例
（高齢者デイサービス施設での例）

・

（1日目）
　集合後、担当者から施設の概要や現在の高齢者福祉の課題などについて説明がある。その後、利用者の話し相手、お茶出し、配膳、ホールの清掃などを行う。まとめを終え16時に終了。

（2日目）
　朝、送迎車に同乗し各家庭を回る。その後、1日目と同様に利用者の話し相手、お茶出し、配膳、清掃を行う。午前中は小グループのゲームに参加。夕方は、送迎車を見送る。16時に終了。

（3日目）
　この日も送迎車に同乗。話し相手、お茶出しのほか、午前中、カラオケ大会に参加。入浴介助の手伝いとして、ドライヤーで髪の毛を乾かす介助を担当者と一緒に行う。送迎車を見送り16時に終了。

（4日目）
　送迎車に同乗。話し相手、お茶出し、配膳、清掃、入浴介助を行う。コーラスに参加し、ピアノで簡単な伴奏を行う。演奏も披露。送迎車を見送り16時に終了。

（5日目）
　送迎車に同乗。話し相手、お茶出しなど同様に行う。施設長との懇談。介護保険制度の仕組みなどの説明を受ける。午後は清掃の後、全体のまとめを行い、16時に終了。

08 介護等体験レポート

　以下に介護等体験を行った学生のレポートの例を示します。活動内容やそのときの気持ちなどが詳しく書かれたレポートですので、これを読むと、具体的な体験活動の中身がイメージできるのではないかと思います。

　実際の体験は、施設や学校によって違いますし、いつ活動を行うかという時期、季節によっても違ってきます。体験活動をすでに終えた先輩などにも積極的に話を聞くことが大切です。

体験レポート例①（特別支援学校）

　私は、〇月〇日～〇日の２日間、Ａ学校で介護等体験を行った。Ａ学校は、知的障害のある児童生徒が通う養護学校で、全校生徒は200人くらいだった。私は、高等部の７人の生徒のクラスに配属されたが、今までに知的障害のある人と接することがなかったので、初めは分からないことの連続だった。生徒達が、どのようなことができて、どのようなことができないのかなどがなかなかつかめず、生徒と一緒に動きながら一生懸命理解しようと思った。ところが、ある生徒は、急に大きな声で叫び始めたり、また他の生徒は、急に耳に手を当てて教室の外へ出て行ってしまったりした。そばにいた私は、どのように対応してよいか分からず、無力感でいっぱいになった。大学での事前指導や、教職の授業の中で、ある程度障害については学んだつもりだった。私自身も、数学の教員になることが目標だが、特別支援教育の領域にも興味をもっているので、それなりに一生懸命

第6章 ● 体験活動の実際　　101

学習してきたつもりだった。だから、障害のある子供が何かをきっかけに
パニックを引き起こすようなことがあるということは知っていたつもりだ
った。ところが、何も対応できなかった。そこで、例えば、出て行こうと
した場合に、止めた方が良いのかどうか、引き止めるときに生徒の体に触
れても大丈夫なのかどうかなどを担任の先生に一つ一つ尋ねてみた。先生
は、とても具体的に教えてくれた。私が生徒の正面に立つようにして止め
ようとするとき、「横並びでやってごらん」と言ってくださったので、そ
のようにすると、生徒はピタッと足を止め、ほんの一瞬だったが目と目が
合った。これは、とても印象的だった。

　クラスの中に、話しかけてもほとんど返事をしない生徒がいた。どのよ
うにコミュニケーションをとって良いのか分からず悩んだ。1日目の昼休
みにその生徒が音楽に合わせて体を動かしている姿を見たので、「ダンス
教えて！」と声をかけてみたら、なんと笑顔で教えてくれた。一緒に踊る
ことで心の距離が一気に縮まったような気がした。私は、それまで、言葉
だけでコミュニケーションをとろうと考え、悩んでいたが、言葉は手段の
一つでしかないということをその生徒から学んだ気がした。言葉はなくて
も、その生徒の笑顔を見ると楽しんでいることが伝わってきた。

　あとで、教頭先生が「言葉のある子供は本音を言っているかどうか分か
らない。言葉のない子供はどう思っているか分からない。分かるためには
どうすればよいか？」というお話をしてくださった。私は、子供と一緒に
過ごすことが大切だと思った。障害の有無は関係なく、子供の本当の気持
ちを知るためには、一緒に動き、共に生活をするようにして信頼関係を築
くことが必要だと思う。

　今回の体験活動は、2日間という信頼関係を築くにはとても短い期間で
あったが、来年以降行う教育実習はこれよりも長い時間生徒と過ごすこと
になる。今回の介護等体験の活動を通して、どうすれば生徒と信頼関係を
築くことができるのかを考えることが今後の私の課題だと感じた。

体験レポート例②（特別支援学校）

　私は、２日間にわたりＢ特別支援学校にて介護体験実習を行いました。Ｂ学校は、視覚障害の学校で、昔の制度では盲学校です。配属は小学部で、主に小学１年生の男子児童を担当しました。担任の先生が「〇〇さん（児童の名前）は介護実習の方が来るとすごく喜びます。」と言ってくださったので、緊張せずに実習を始めることができました。１日目の流れは、はじめに朝の会を小学部で行いました。小学部は４人でしたが、４人ともとても元気がよく楽しい雰囲気でした。授業ではそれぞれの教科に分かれて行われていました。私の担当した児童は、車いすを使用しており、歩く練習として歩行器を使って校内を一周するという課題に取り組んでいました。左足がなかなかうまく使うことができずに苦戦していましたが、先生の声掛けに応じながら一生懸命歩いていました。体操の時間では音楽に合わせて手足を先生にマッサージしてもらったりしていて、とても気持ちよさそうでした。先生は、少しでも手足の不自由さをなくしてあげようという考えでこの体操と歩行器を取り入れていて、他にも手のグーパーの動きの練習ではボールを使って離して掴む感覚を養うことを試みており、常に工夫を凝らしていました。その児童は言葉を発することができませんが、とても笑顔で楽しそうに訓練していたのが印象的でした。

　給食では小学部の４人と先生たちと一緒に食事をしました。私たちと同じように食べている児童もいましたが、噛む力や飲み込む力があまりない児童もいて液体状の食事を、助けを借りながら食べていました。また、栄養士の先生が注入器を使って直接胃に食べ物を入れていた児童もいました。どうしても健常者と同じような生活ができない子供は、このような特別支援が欠かせないと感じました。

　午後は、担当の児童が早めの下校予定だったので、軽い運動をした後に図書館へ行きました。かなり重度の弱視であるため、先生が一つ一つ丁寧に絵を認識しているかを確かめながら読み聞かせをしていました。絵を認識したときには嬉しそうな顔をしていてとても可愛らしかったです。１日目はあっという間に終わってしまったという感覚でした。

　２日目はとても活動的な１日でした。いつも通り朝の会をした後に、１

第6章 ● 体験活動の実際　　103

限目は小学部の児童みんなでハロウィンパーティーの準備をしました。ハロウィンかぼちゃの風船に目・鼻・口にかたどられた画用紙を貼りました。担当の児童の手を取りながら一緒に作業ができました。他にもトイレットペーパーの芯でコウモリを作りました。先生たちの事前の準備のおかげもあると思いますが、完成度が高く驚きました。それが終わるとみんなで校内をまわってお菓子をもらいに行きました。校長先生にもお菓子をもらって児童たちはとても嬉しそうでした。どの先生もしっかりと名前を覚えていて児童とのコミュニケーションがしっかりと取れていました。日頃から児童に気を配っているのだと思いました。

　それが終わると次は音楽会の練習のために隣のC小学校に行きました。練習会場の体育館に入ったときには、すでに小学校の児童たちは集まっており、B校の児童が入っていくと、「〇〇さん、こんにちは。」「〇〇さん、元気？」など温かく声をかけてくれていました。学校は違っていても、また障害はあっても同じ仲間として受け入れている姿に感動しました。子供たちは、障害があるとか、特別支援学校に通っているなどということではなく、ただ純粋に一人の仲間、友達だと認識しているのだと思いました。大人になるにつれて、何か「障害者は特別」という考えに囚われてしまい、身構えてしまいがちですが、それは大きな間違いであると痛感しました。練習では歌声や演奏に合わせて楽しそうに鈴を鳴らしている姿が印象的でした。先生もその姿に嬉しそうな顔でうなずいていました。

　練習が終わりB校に戻ると、昨日と同様に歩行器を使用しての運動をしました。小学校での活動のおかげもあったのか、前日に比べて速く歩けていました。給食を食べた後の歯磨きでは、先生に教えていただきながら手伝いをしました。人に歯を磨いてもらうのは、嫌がることも多いとのことですが、私がぎこちなかったせいか、ずっとおとなしくしてくれていました。

　掃除では車椅子の状態で児童にモップを持ってもらい、私が車いすを押し、教室内をたくさん往復しました。上半身の筋肉がとてもあり、頑張ってモップを離さず掃除をすることができました。先生は、このような長所を生かしてあげたいとおっしゃっていました。このように子供の長所を伸ばすという教育は、障害のある子供の教育だろうと、障害のない子供の教

育だろうと、まったく変わらないものだと実感しました。2日目の下校時間が近づき、いよいよお別れの時間でしたが、最後は庭にあるブランコに一緒に乗って楽しく遊ぶことにしました。

2日間という短い期間でしたが、とても印象深い体験になりました。もっと長く活動をしたいと思いました。今回の体験活動を通して、特別支援教育の必要性、重要性を改めて知ることができました。そして、障害のある子供の教育と障害のない子供の教育の共通しているところ、違うところを少し理解することができたと感じました。2年後の教育実習に向けて、この経験を忘れずに学んでいこうと思いました。

・体験レポート例③（社会福祉施設）

今回は、私は、○○市Aデイサービスセンターで介護等体験をさせていただいた。Aデイサービスセンターは、およそ毎日50人近い利用者が訪れる、この地域では少し大規模なデイサービスセンターだ。

通常、介護等体験の学生は2人1組になるそうだが、人数の関係で私は1人となり、初め、とても心細かった。1日目は、まったく分からず、職員の方に声をかけてもらってやっと行動できるような形だった。私は、小さい頃から大きな声を出すのが苦手で、慣れない環境では声が出なくなってしまうこともある。初め、利用者の方々に何度も聞き返され、私自身、これで5日間続けられるのかどうか自信がなくなった。2日目は、他の介護実習生3人と一緒に活動を行うことになった。その実習生たちは、介護の資格を取るために専門に学んでいる学生たちで、すでに数日間の実習経験があり、ご利用者への対応などがとても上手だった。私は、また自分の無力さに落ち込んだ気持ちになりそうだったが、とにかく、その学生たちの動きを真似てみようと思い、何とか頑張ることができた。3日目からは、少し利用者の方への接し方のコツがつかめ、1日の流れや仕事内容も頭に入ってきて少しずつ積極的に動けるような感じになった。なかなか出なかった声も少しは自然に出るようになり、聞き返されることも減った。

気持ちに少し余裕ができたからか、利用者の方々の名前を覚えることもでき、お名前で呼んで声かけをしてみることもできた。また、私と出身校が同じだという職員の方がいて、いろいろと施設や高齢者の実態などの話も聞くことができた。5日目の最終日には、自ら進んで動けるようになった感じで、1日目ではまったくできなかった立ち上がる際の介助や車椅子押しも、何とかできるようになった。

　この5日間、自分自身がたった数日でここまでも進歩したことに、私自身が一番驚いている。1日目が終了したときは、何もできない自分に対して情けなく、自信がまったく失われ、本当に5日間、気持ちや体力がもつのか不安だった。それが、自分がご利用者と会話をすることができるようになり、自分なりに仕事も積極的に行えるようになった。5日目には、なんと、利用者の方や職員の方に「よく働く子だね」と褒められた。涙が出るほど嬉しかった。

　体験中に何度も感じたのは、利用者の方々の優しさである。例えば、私は入浴後の利用者の方々の髪を乾かしたが、髪を乾かす際は、肩掛けを利用者の背にかけ、タオルで髪を拭き、そのあとドライヤーで乾かして、最後に櫛で整える。最初、何度も肩掛けを忘れてしまっていたが、そのたびに「忘れているよ」と優しく教えてもらった。また、ある認知症の女性の方は、ほとんど話をせず静かに黙っていたが、お名前を呼んで挨拶をすると微笑んでくれ、目が合ったときに会釈をすると会釈を返してくださった。その方は、最終日の5日目の朝に「今日が最終日でしょ?」と話しかけてくださり、お話ができた。その方は、物静かで、歌の時間にもほとんど歌わない方だったが、その日のレクリエーションの時間には私の横で一緒に歌を口ずさんでいた。

　利用者の方々との交流から、子供と大人との大きな違いはあるだろうが、どんな人も考えや感情があることを決して忘れてはいけないと改めて思った。頭で分かっていることと実際に感じることは違う。この気持ちを今は上手く表現できないが、教職を目指す一人として、将来、私が教員になったときに、子供たちに伝えなければならないことだと思った。

体験レポート例④（社会福祉施設）

　５日間の介護等体験は、介護の特徴として、「終わりが見えない」、「達成感が得にくい」、「大きな人生の転換である」という、大学の事前指導のときの○○先生の言葉が何度も思い返された。

　まず私が驚いたのは、入居者の幅広さであった。この施設は、一般的な老人ホームとは違い、金銭的理由、家庭的理由、社会的理由等の事情のある人たちが入居している施設で、その上、介助なしで歩ける人、杖があれば歩ける人、車イスがないと生活できない人とその身体的状態もそれぞれだった。「家族と暮らすことが難しい高齢者が暮らす場所」程度にしか認識していなかった私としては、一人一人に適した衣食住の管理を行う（施設では寮母さんと呼ばれていた）職員の方々の職務の多さ、そして、寮母さんに求められる人間性を目の当たりにした。

　約90人が生活しているので、日中のみならず、夜勤もある。当然、それを終えた人達には疲れの色が見えるが、一度寮母室を出ると、まるで演者のように「明るく」「元気よく」「てきぱきと」動く姿があった。次々やることがあるということでもあると思うが、寮母さんたちは入居者の方と疲れを見せることなく接していた。これは、教師が児童・生徒と向き合うことにも通じるように思う。大学に入学し、教師や教育についての学びを深めていくほど、いかに多様な職務を教師がこなしてきたかが見えてきた。しかし、私の小・中・高の先生も、教育実習でお世話になった先生も、生徒の前では疲れを見せず、自然に接していた。教師に限らず、他者と接する仕事や生活には、このような姿勢が求められると強く感じた。

　私は、施設の職員の方から何度も「人懐っこいね」という言葉をかけていただいた。入居者の方と話す私の姿に、そのような印象をもたれたようだが、私の中のポリシーとして、どんな経験・機会でも大切にしたい、というのがある。そこから、できるだけたくさんの人と関わりたいと思い、疑問に思ったことや関心をもったことをそのままにしないよう心掛けてきた。だから、この体験活動でも、挨拶は、とくに大切にしようと思い、入居者の方々とも積極的にお話をさせていただいた。鬱陶しいと思われるかなとも思ったが、職員の方から「それはどんな職業にも、どんなことにも

活かせるよ」と声をかけていただけ、ありのままの自分でいいんだ、自分なりの関わり方を大切にしていきたい、と思えた。

　人は皆成長し、そして老いていく。この体験活動では、そのことを改めて実感した。7月に特別支援学校での体験活動で重複障害のある子供とかかわった際には、いつかは出ていく社会に向けて自分でできることは自分でし、できないことは手助けを求めることを学ぶ教育現場を目にした。やれるだろうと思った作業には手を出さず、助けは最小限にする。そのような先生方の心がけが子供たちの成長を促していた。一方、介護の現場は少し違っていた。子供とは違い、日を追うごとにできることが減っていく面がある。「加齢」「老い」が大きい。年を経るごとにできないこと、介助が必要なことが増えていくのである。これが、「達成感が得にくい」介護の現状の背景にあるのかもしれない。こうした中で、介護という仕事を続けることは、とても精神力のいることだと思うし、自分の祖父母も、また両親も、もちろん自分自身も、いつか介護「する」側から介護「される」側にいたるわけである。まさに、自分自身のことなんだなあと思った。しかし、その流れにただ流されるだけでなく、自分なりの軸・ポリシーをしっかりもって生きていきたい。また、同時に、他者とかかわる際には、相手や状況などに応じて、柔軟に対応し、その人の心に向き合うことを大切にしていきたいと思った。

体験レポート例⑤（特別支援学校）

　私は、〇月〇日から2日間、D特別支援学校で介護体験をした。特別支援学校は、視覚障害や知的障害、聴覚障害、肢体不自由、病弱・身体虚弱といった重い障害のある子供たちが通う学校であるが、私が体験活動を行った学校は、肢体不自由の子供たちを対象としている学校であった。その学校で私が配属されたのは、「△△組」という中学部のクラスで、中学部の中でもとくに重度で重複する障害を持つ子供たちがいる特別なクラスだった。そのクラスの子供たちは言葉を発することもできず、1人で歩くこ

とも不可能であったため、常に職員の介助が必要であった。ここで学んだことは、コミュニケーションの取り方は会話だけではないこと、職員同士の連絡及び職員と家族の連絡の大切さ、そして子供たち一人一人への支援は、職員のさまざまな工夫と試行錯誤の上に成り立っているということである。この三つのことについてこれから詳しく説明していく。

　まず一つ目にコミュニケーションについてである。私は、最初このクラスへの配属が決まった時とても不安な気持ちでいっぱいであった。なぜなら、会話をすることもできず、移動をするには車椅子が必要であり、さらに食事は胃瘻であったため、どうやって接すればいいか分からなかったからである。初めてこういった方と出会い、コミュニケーションの取り方がまったく想像できなかった。しかし、職員の方たちに手や足などを軽く叩いたり、さすったりするのもコミュニケーションになるとアドバイスしていただけ、それを実践し、積極的に子供たちに関わってみた。すると子供の表情が柔らかくなり、手足をばたつかせたりして嬉しそうにしてくれた。子供たちは会話ができないが、こちらからたくさん話しかけていると、「あー」や「うー」などといった言葉を笑いながら発してくれるようになった。コミュニケーションは言葉の会話だけではないのだと実感した。

　二つ目は、職員同士、職員と家族間の連絡の大切についてである。職員は、家族から聞いたことやその日にあった出来事を細かく全て共有していた。気をつけることやその日の体調に応じて、授業への参加を常に確認していた。それは、一つでも怠ると思わぬ事故へつながってしまうため、何回も慎重に話し合っていた。そして、学校であったことも毎回連絡ノートに記載し、迎えに来る保護者へ直接言葉でも話していた。先に行った高齢者の介護施設でも学んだが、障害のある子供の教育も、高齢者介護も、周りにいる全ての人が協力しあわなければ成り立たないのだと思った。

　三つ目に職員の支援についてである。職員は一人一人に合わせて学習の指導計画を作っていた。これは、全ての子供たちが、できないことや好きなことが一致しているわけではないからである。実際に子供たちと関わってみると、子供たちには一人一人個性があり、さまざまな特徴があったため、どうやって注意をこちらに向けさせるか、また、どうやって学校を楽

しい場所にさせられるか一人一人その対応が違い、難しかった。そのため、職員は手作りのおもちゃを使って対応したり、さらに、子供たちが自分でできることを増やそうと道具を使いやすいように工夫していた。例えば、あらかじめ録音した声を、ボタンを押すことによって再生することのできる木箱があった。これは、子供たちが押しやすいようにボタンは柔らかく大きめのものを用意していた。会話をすることが不可能なため、先生が「おはよう」や「さようなら」という言葉を録音し、子供たちがボタンを押すことによってあいさつが可能になっていた。これは、朝の会や帰りの会で主に使っていた。木箱も先生の手作りであり、子供が使いやすく、また興味を持つことができるような工夫や試行錯誤が感じられた。

　今回の介護等体験では、クラス全体へ向けての一斉授業ではなく、一人一人の発達段階に応じて、今必要なことを指導することの大切さを学ぶことができたと思う。そのためには、周囲の人たちと協力し合い、情報を共有し合いながら支援を進めていくことが必要なのだと思った。

課題6-①
　さて、いよいよ介護等体験の活動日が迫ってきました。直前である今の段階で、もう一度、この体験活動でどんなことを学んでみたいか、自分なりの目標を考えてみよう。

課題6-②
　まず、初日に心がけようと思うことを、2つ設定してみよう。

おわりに

　介護等体験は、教職を学ぶみなさんの教員としての基本姿勢にかかわる体験活動です。2か所の活動を合わせても、たった7日間の活動ですが、普段、あまり接したことのない介助や介護、支援が必要な高齢者、あるいは、特別な指導や配慮が必要な重い障害のある人などと交流することは、きっとみなさんにとって学ぶことが多いものと思います。

　しかし、教育実習とは異なり、例えば、担当教科の授業を行ったり、様々な子供たちの学習を指導したりするといったことは、この活動ではほとんどありませんので、みなさんが目指している具体的な教員としての仕事には、直接つながりにくい側面もあります。そういう意味では、この活動は、もっとも困難性が高い活動だとも言えます。

　ですから、この体験活動の成功の可否は、みなさん一人一人がどのような意識でこの活動を行うかということにかかっていると言えます。

　みなさんがこの活動に対して具体的に目標をもち、積極的に取り組むことによって、この7日間の体験は、みなさん自身の今後の生き方にかかわるとも言える、かけがえのない活動になるはずです。がんばってください。

〈文献一覧〉

【引用文献】

1) 中村啓・武田祐吉「新訂古事記──付現代語訳」角川文庫、1977.

2) 戸矢学「増補新版ヒルコ──棄てられた謎の神」河出書房新社、2014.

3) 河東田博「ノーマライゼーション原理とは何か──人権と共生の原理の探求」現代書館、2009.

4) Burton BLATT & Fred KAPLAN, CHRISTMAS IN PURGATORY. HUMAN POLICY PRESS/SYRACUSE, NEW YORK, 1974.

5) W. ジョンソン・D. メラー共編、田口恒夫訳「教室の言語障害児」日本文化科学社、1974.

6) Drotar,D., and,et.：The adaptation of parents to the birth of an' infant with a congenital malformation：A hypothetical model. Pediatrics, 56 (5)：710-717, 1975.

7) Olshansky, S.：Chronic sorrow: A response to having a mentally defective child. Social Casework, 43 (4)：190-193., 1962.

8) 中田洋二郎「親の障害の認識と受容に関する考察──受容の段階説と慢性的悲哀」「早稲田心理学年報」第27号、1995.

9) 庄司和史「新生児聴覚スクリーニングを経験した保護者の声から聾学校における早期支援を考える」資料・論文集、信州大学庄司研究室：27-45、2011.

10) 渡辺隆「子ども虐待と発達障害──発達障害のある子供虐待への援助方法」東洋館出版社、2007.

【参考文献】

・中村満紀男・荒川智編「障害児教育の歴史」明石書店、2003.

・髙谷清「はだかのいのち　障害児のこころ、人間のこころ」大月書店、1997.

・小山茂喜編「新版 教育実習安心ハンドブック」学事出版、2014.

・鈴木幸雄編著「現代の社会福祉」中央法規、2012.

・山縣文治・岡田忠克編「よくわかる社会福祉（第10版）」ミネルヴァ書房、2014.

・斎藤嘉孝「社会福祉を学ぶ──トピックで読みとく社会のしくみ」医学評論社、2008.

・庄司和史「介護等体験の事前指導のポイント──学習前評価にみられる学生の不安や期待等について──」教職研究9、9-22、信州大学教職支援センター、2016.

〈参考資料〉

---

1. こんなことがありました（問題となった事故事例）
2. 書類サンプル
   (1) 申し込み書
   (2) 介護等体験実施証明書
   (3) 自己紹介書
   (4) 記録用紙
3. 関係法令・省令など
   (1) 小学校及び中学校の教諭の普通免許状授与に係る教育職員免許法の特例等に関する法律（介護等体験特例法）
   (2) 小学校及び中学校の教諭の普通免許状授与に係る教育職員免許法の特例等に関する法律施行規則
   (3) 自治体における実施要領の例（長野県教育委員会による平成29年度の実施要領の例）

---

1. こんなことがありました（問題となった事故事例）

【無断欠席】

　特別支援学校での体験当日、無断欠席。朝、当該学校の教頭より大学に電話。すぐに学生に連絡を取ると、予定が入っていたため、欠席したとのことが判明。指導教員（担任）がすぐに電話で謝罪し、後日、指導教員、事務担当者、本人の3名で学校へ謝罪に出かけた。同年度の体験活動はすべて中止。翌年、本人が希望すれば実施することとする。

【忘れ物と無断欠席】

　特別支援学校の初日、冬で気温が低い日だったが、ハーフパンツ系のジャージを間違えて持参してしまう。外での体験活動があったので、職員のウィンドブレーカーを借りたとのこと。2日目、集合時間になっても来ないということで、教務主任より大学に連絡があり、「主体的に体験しようとしない学生はよこさないでほしい」と強く言われる。後日、本人も含めて謝罪に出向いた。

【連日の遅刻】

　社会福祉施設での体験活動で、連日遅刻。施設の職員から再三注意される。施設側が本人に理由をたずねると、サークル活動のため、体験活動後に毎日練習があったとのこと。全日程が終了後、施設側から県社会福祉協議会に連絡があり、社会福祉協議会から大学へ抗議があった。学部長が本人と面接・指導を実施。後日、社会福祉協議会と施設に対して、大学側から謝罪。

【メールアドレスの交換】

　体験活動の期間中、特別支援学校の高等部の生徒で、進路のことで悩んでいる生徒の相談に乗ったところ、なかなか時間が取れず、最終日にもっと話したいと言われたとのこと。それで、メールアドレスを交換し、連絡を取り合うことを約束してしまった。生徒は、その後、メールアドレスを交換したことを教師に伝えたため発覚。学校側から大学へ生徒指導上の問題になる可能性もあるので対応してほしい旨連絡があった。生徒は、学生に対して何らかの処分があることを心配しており、また、学校側も非常に熱心な学生だったという評価があったが、学生本人には、大学として厳しく指導が行われた。

【その他、細かいこと】

・朝の集合時間に遅刻する。

・指定された服装、持ち物を用意していない。

・書類などを忘れてしまう。

・施設や学校のコピー機を借りて使用しようとする。

・途中抜け出してコンビニに行く。

・説明を受けているときに下を向いていたり、居眠りをしていたりする。

・名前を呼ばれても返事をしない。

・施設内、学校内でケータイをいじっている。

・服装が不衛生である。

・頭髪が乱れており、子供が気にする。

・積極性が見られない。一人だけ、活動に参加せず、見ている。

・体調が悪いまま参加している。

・学生同士で私語をする。

2．書類サンプル

(1) 申し込み書
　「介護等体験希望者（決定者）名簿」は、申し込み時に記入して大学の担当事務に提出します。サンプルは、「社会福祉施設用」となっていますが、同じ様式で「特別支援学校用」がありますので、計2通提出することになります。

(2) 介護等体験実施証明書
　証明書は、それぞれの施設での体験活動の日程が終了したとき、施設長・学校長により発行されます。必要事項が記入されているかどうかを確認し、大切に保管しましょう。

(3) 自己紹介書
　自己紹介書は、空欄なく記入し、体験活動の初日の朝、もしくは事前打ち合わせの際に提出します。

(4) 記録用紙
　記録は、原則として毎日まとめの時間に書いていきます。担当の職員の方に読んでいただき、指導者総評欄にコメントしてもらいますが、多忙の場合はサインのみでもけっこうです。社会福祉施設は5日間なので、2ページ目も必ず持参するようにしましょう。

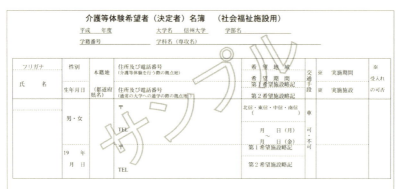

（施設・学校へ提出）

介 護 等 体 験 活 動 者 の 自 己 紹 介 書

(施設・学校名　　　　　　　　　　)　　平成　年　月　日提出

体 験 期 間	月　　日（　）〜　　　月　　日（　）	
学部・学科・専攻		
ふ り が な		男
氏　　　　　名		女
生 年 月 日	昭和・平成　　年　月　　日生（　歳）	
体験期間中の住所 電話番号	〒 　　　　　　　　　　　　　　　TEL	
体験活動の目標		
ボランティアの経験 があればその内容		
自 己 　P R		
趣 味 ・ 特 技		
保険加入の有無	（　）学生教育研究賠償責任保険に加入している。　（確認して〇）	
はしかの抗体検査	（　）抗体検査済　→　（　）陽性　　　　　（確認して〇） 　　　　　　　　　→　（　）陰性　→　（　）予防接種済	

〇 〇 大 学

- 1 -

（学生→施設へ提出→学生→大学）

介 護 等 体 験 活 動 の 記 録

学部・学科・専攻＿＿＿＿＿＿＿＿＿＿＿＿＿＿＿

学籍番号＿＿＿＿＿＿＿＿＿＿　　氏　　　名＿＿＿＿＿＿＿＿＿＿＿＿＿＿＿

体 験 期 間	月　　日（　　曜日）〜　　　月　　　日（　　曜日）	
体験施設・学校名		
	体 験 内 容 及 び 感 想 ・ 反 省 等	指導者総評
1日目		
		サイン
2日目		
		サイン

○ ○ 大 学

-1-

	体 験 内 容 及 び 感 想 ・ 反 省 等	指導者総評
3日目		
		サイン
4日目		
		サイン
5日目		
		サイン

3. 関係法令・省令など

　ここでは、介護等体験特例法をはじめとした、関係法令、自治体における実施要領の例を示します。実施要領は、年度ごとに作成されており、各自治体によって異なることも多いので、自分が実施する地域（都道府県）のホームページなどで調べるようにしてください。

（1）小学校及び中学校の教諭の普通免許状授与に係る教育職員免許法の特例等に関する法律（介護等体験特例法）

（趣旨）
第一条　この法律は、義務教育に従事する教員が個人の尊厳及び社会連帯の理念に関する認識を深めることの重要性にかんがみ、教員としての資質の向上を図り、義務教育の一層の充実を期する観点から、小学校又は中学校の教諭の普通免許状の授与を受けようとする者に、障害者、高齢者等に対する介護、介助、これらの者との交流等の体験を行わせる措置を講ずるため、小学校及び中学校の教諭の普通免許状の授与について教育職員免許法（昭和二十四年法律第百四十七号）の特例等を定めるものとする。

（教育職員免許法の特例）
第二条　小学校及び中学校の教諭の普通免許状の授与についての教育職員免許法第五条第一項の規定の適用については、当分の間、同項中「修得した者」とあるのは、「修得した者（十八歳に達した後、七日を下らない範囲内において文部科学省令で定める期間、特別支援学校又は社会福祉施設その他の施設で文部科学大臣が厚生労働大臣と協議して定めるものにおいて、障害者、高齢者等に対する介護、介助、これらの者との交流等の体験を行った者に限る。）」とする。
2　前項の規定により読み替えられた教育職員免許法第五条第一項の規定による体験（以下「介護等の体験」という。）に関し必要な事項は、文部科学省令で定める。
3　介護等に関する専門的知識及び技術を有する者又は身体上の障害により介護等の体験を行うことが困難な者として文部科学省令で定めるものについての小学校及び中学校の教諭の普通免許状の授与については、第一項の規定は、適用しない。

（関係者の責務）
第三条　国、地方公共団体及びその他の関係機関は、介護等の体験が適切に行われるようにするために必要な措置を講ずるよう努めるものとする。
2　特別支援学校及び社会福祉施設その他の施設で文部科学大臣が厚生労働大臣と協議して定めるものの設置者は、介護等の体験に関し必要な協力を行うよう努めるものとする。
3　大学及び文部科学大臣の指定する教員養成機関は、その学生又は生徒が介護等の体験を円滑に行うことができるよう適切な配慮をするものとする。

（教員の採用時における介護等の体験の勘案）
第四条　小学校、中学校又は義務教育学校の教員を採用しようとする者は、その選考に当たっては、この法律の趣旨にのっとり、教員になろうとする者が行った介護等の体験を勘案するよう努めるものとする。
附　則
1　この法律は、平成十年四月一日から施行する。
2　この法律の施行の日前に大学又は文部大臣の指定する教員養成機関に在学した者で、これらを卒業するまでに教育職員免許法別表第一に規定する小学校又は中学校の教諭の普通免許状に係る所要資格を得たものについては、第二条第一項の規定は、適用しない。
附　則　（平成一一年一二月二二日法律第一六〇号）　抄

（施行期日）
第一条　この法律（第二条及び第三条を除く。）は、平成十三年一月六日から施行する。ただし、次の各号に掲げる規定は、当該各号に定める日から施行する。
一　第九百九十五条（核原料物質、核燃料物質及び原子炉の規制に関する法律の一部を改正する法律附則の改正規定に係る部分に限る。）、第千三百五条、第千三百六条、第千三百二十四条第二項、第千三百二十六条第二項及び第千三百四十四条の規定　公布の日
附　則　（平成一八年六月二一日法律第八〇号）　抄

（施行期日）
第一条　この法律は、平成十九年四月一日から施行する。
附　則　（平成二七年六月二四日法律第四六号）　抄

（施行期日）
第一条　この法律は、平成二十八年四月一日から施行する。

（2）小学校及び中学校の教諭の普通免許状授与に係る教育職員免許法の特例等に関する法律施行規則

　小学校及び中学校の教諭の普通免許状授与に係る教育職員免許法の特例等に関する法律（平成九年法律第九十号）第二条第一項、第二項及び第三項の規定に基づき、小学校及び中学校の教諭の普通免許状授与に係る教育職員免許法の特例等に関する法律施行規則を次のように定める。

（介護等の体験の期間）
第一条　小学校及び中学校の教諭の普通免許状授与に係る教育職員免許法の特例等に関する法律（以下「特例法」という。）第二条第一項の文部科学省令で定める期間は、七日間とする。

（介護等の体験を行う施設）

〈参考資料〉　　121

第二条　特例法第二条第一項の文部科学大臣が定める施設は、次のとおりとする。

一　児童福祉法（昭和二十二年法律第百六十四号）に規定する乳児院、母子生活支援施設、児童養護施設、障害児入所施設、児童発達支援センター、児童心理治療施設及び児童自立支援施設

二　削除

三　削除

四　生活保護法（昭和二十五年法律第百四十四号）に規定する救護施設、更生施設及び授産施設

五　社会福祉法（昭和二十六年法律第四十五号）に規定する授産施設

六　削除

七　老人福祉法（昭和三十八年法律第百三十三号）に規定する老人デイサービスセンター、老人短期入所施設、養護老人ホーム及び特別養護老人ホーム

八　介護保険法（平成九年法律第百二十三号）に規定する介護老人保健施設

九　独立行政法人国立重度知的障害者総合施設のぞみの園法（平成十四年法律第百六十七号）第十一条第一号の規定により独立行政法人国立重度知的障害者総合施設のぞみの園が設置する施設

九の二　障害者の日常生活及び社会生活を総合的に支援するための法律（平成十七年法律第百二十三号）に規定する障害者支援施設及び地域活動支援センター

十　前各号に掲げる施設に準ずる施設として文部科学大臣が認める施設

（介護等の体験を免除する者）

第三条　特例法第二条第三項に規定する介護等に関する専門的知識及び技術を有する者として文部科学省令で定めるものは次の各号の一に該当する者とする。

一　保健師助産師看護師法（昭和二十三年法律第二百三号）第七条の規定により保健師の免許を受けている者

二　保健師助産師看護師法第七条の規定により助産師の免許を受けている者

三　保健師助産師看護師法第七条の規定により看護師の免許を受けている者

四　保健師助産師看護師法第八条の規定により准看護師の免許を受けている者

五　教育職員免許法（昭和二十四年法律第百四十七号）第五条第一項の規定により特別支援学校の教員の免許を受けている者

六　理学療法士及び作業療法士法（昭和四十年法律第百三十七号）第三条の規定により理学療法士の免許を受けている者

七　理学療法士及び作業療法士法第三条の規定により作業療法士の免許を受けている者

八　社会福祉士及び介護福祉士法（昭和六十二年法律第三十号）第四条の規定により社会福祉士の資格を有する者

九　社会福祉士及び介護福祉士法第三十九条の規定により介護福祉士の資格を有する者

十　義肢装具士法（昭和六十二年法律第六十一号）第三条の規定により義肢装具士の免許を受けている者

2　特例法第二条第三項に規定する身体上の障害により介護等の体験を行うことが困難な者として文部科学省令で定めるものは、身体障害者福祉法第四条に規定する身体障害者のうち、同法第十五条第四項の規定により交付を受けた身体障害者手帳に、障害の程度が一級から六級である者として記載されている者とする。

（介護等の体験に関する証明書）

第四条　小学校又は中学校の教諭の普通免許状の授与を受けようとする者は、教育職員免許法第五条の二第一項に規定による免許状の授与の申出を行うに当たって、同項に規定する書類のほか、介護等の体験を行った学校又は施設の長が発行する介護等の体験に関する証明書を提出するものとする。

2　学校又は施設の長は、小学校又は中学校の普通免許状の授与を受けようとする者から請求があったときは、その者の介護等の体験に関する証明書を発行しなければならない。

3　証明書の様式は、別記様式のとおりとする。

附　則

この省令は、平成十年四月一日から施行する。

附　則　（平成一一年三月二三日文部省令第五号）

この省令は、平成十一年四月一日から施行する。

附　則　（平成一二年六月三〇日文部省令第四八号）

この省令は、公布の日から施行し、社会福祉の増進のための社会福祉事業法等の一部を改正する等の法律の施行の日（平成十二年六月七日）から適用する。

附　則　（平成一二年一〇月三一日文部省令第五三号）　抄

（施行期日）

第一条　この省令は、内閣法の一部を改正する法律（平成十一年法律第八十八号）の施行の日（平成十三年一月六日）から施行する。

附　則　（平成一四年三月一日文部科学省令第三号）

この省令は、保健婦助産婦看護婦法の一部を改正する法律の施行の日（平成十四年三月一日）から施行する。

附　則　（平成一六年三月三一日文部科学省令第一九号）

この省令は、公布の日から施行し、第二条第六号の改正規定は、社会福祉の増進のための社会福祉事業法等の一部を改正する等の法律第六条の規定の施行の日から、同条第八号の改正規定は、独立行政法人国立重度知的障害者総合福祉施設のぞみの園の設立の日から、同条第九号の改正規定は、介護保険法の施行の日から適用する。

附　則　（平成一八年九月二五日文部科学省令第三六号）

1　この省令は、平成十八年十月一日から施行する。

2　この省令の施行の日から障害者自立支援法（平成十七年法律第百二十三号）附則第一条第三号に掲げる規定の施行の日の前日までの間は、改正後の第二条第九号の二中「及び地域活動支援センター」とあるのは、「、地域活動支援センター並びに同法附則第四十一条第一項、同法附則第四十八条又は同法附則第五十八条第一項の規定によりなお従前の例により運営をすることができることとされた同法附則第四十一条第一項に規定する身体障害者更生援護施設、同法附則第四十八条に規定する精神障害者社会復帰施設（同法附則第四十六条の規定による改正前の精神保健及び精神障害者の福祉に関する法律（昭和二十五年法律第百二十三号）に規定する精神障害者生活訓練施設、精神障害者授産施設及び精神障害者福祉工場に限る。）及び同法附則第五十八条第一項に規定する知的障害者援護施設（同法附則第五十二条の規定による改正前の知的障害者福祉法（昭和三十五年法律第三十七号）に規定する知的障害者更生施設及び知的障害者授産施設に限る。）」とする。

〈参考資料〉　123

附　則　（平成一九年三月三〇日文部科学省令第五号）　抄

（施行期日）
第一条　この省令は、学校教育法等の一部を改正する法律（以下「改正法」という。）の施行の
　　　　日（平成十九年四月一日）から施行する。

（免許特例法施行規則の一部改正に伴う経過措置）
第四条　施行日前に旧盲学校等において小学校及び中学校の教諭の普通免許状授与に係る教育
　　　　職員免許法の特例等に関する法律（平成九年法律第九十号）第二条第二項に規定する
　　　　介護等の体験を行った者に対するこの省令第二十二条の規定による改正後の免許特例
　　　　法施行規則第一条の適用については、同条に規定する期間には、当該者が旧盲学校等
　　　　において行った介護等の体験の期間を通算するものとする。
２　前項の場合において、旧盲学校等における介護等の体験に関するこの省令第二十二条の規定
　　による改正後の免許特例法施行規則第四条に規定する証明書は、改正法附則第二条第一項の
　　規定により当該旧盲学校等がなるものとされた特別支援学校の校長が発行するものとする。
附　則　（平成二九年三月三一日文部科学省令第一九号）
この省令は、公布の日から施行し、第二条第一号の改正規定中「、知的障害児施設、知的障害
児通園施設、盲ろうあ児施設、肢体不自由児施設、重症心身障害児施設」を「、障害児入所施
設、児童発達支援センター」に改める部分は平成二十四年四月一日から、同条第九号の二の改
正規定は平成二十五年四月一日から適用する。ただし、第二条第一号の改正規定中「、情緒障
害児短期治療施設」を「、児童心理治療施設」に改める部分は、平成二十九年四月一日から施
行する。

（3）自治体における実施要領の例

　　　（長野県教育委員会による平成29年度の実施要領の例）

小学校及び中学校教諭免許状取得希望者に対する介護等の体験の実施要領

　1　趣旨
　　　この要領は、小学校及び中学校の教諭の普通免許状授与に係る教育職員免許法の特例等に
　　関する法律（平成9年法律第90号）（以下「特例法」という。）の規定に基づく介護等の体
　　験について、必要な事項を定める。

　2　介護等の体験の申請及び受入調整等について
　（1）介護等の体験の対象者
　　　　県内の小学校及び中学校の教諭免許に係る課程認定のある大学、短期大学及び文部科学
　　　大臣の指定する教員養成機関（以下「大学等」という。）に在籍する者又は県外の大学等
　　　に在籍する県内出身者とする。
　（2）介護等の体験希望者に対する事前指導

大学等の長は、学生（科目等履修生及び通信制課程在学者を含む。以下同じ。）に対し、特例法の制度の周知を図るとともに、介護等の体験が円滑に実施できるよう、文部科学省作成の指導マニュアル等に基づき十分な事前指導を行うものとする。

（3）介護等の体験の受入申請

介護等の体験の受入申請は、原則として大学等の長が行うものとする。その際、大学等の長は、介護等の体験の実施期間（以下「実施期間」という。）が特定の時期に集中することのないようあらかじめ調整を行った上、介護等の体験受入申請書（様式1号）（以下「申請書」という。）に、介護等の体験希望者（決定者）名簿（様式1号及び2号の添付書）を添付し、4月末日までに一括して申請を行うものとする。

なお、申請書は、特別支援学校に係るものは長野県教育委員会教育長に、別表に掲げる施設（以下「社会福祉施設等」という。）に係るものは長野県社会福祉協議会長に、それぞれ提出するものとする。

また、実施期間等について特別の事情がある学生がいる場合は、申請に先立ち長野県教育委員会又は長野県社会福祉協議会（以下「受入調整機関」という。）の長と協議を行うものとする。

（4）受入調整等

受入調整機関の長は、大学等の長からの申請に基づいて実施期間等の調整を行い、その結果を介護等の体験決定通知書（様式2号）（以下「通知書」という。）に介護等の体験希望者（決定者）名簿を添付し、大学等の長に通知するとともに、長野県教育委員会教育長にあっては特別支援学校の長に、長野県社会福祉協議会長にあっては社会福祉施設の長に対して通知するものとする。

なお、申請に基づく受入調整が困難な場合にあっては、決定に先立ち大学等の長と協議するものとする。

また、長野県社会福祉協議会長は、あらかじめ年間受入可能な人数等を把握するため、社会福祉施設等の長に対して、毎年4月末日までに介護等の体験年間受入計画書（様式3号）を提出するように依頼するものとする。

（5）県内の大学等における取扱い

県内の大学等の長は、申請書のほか、電子データにより介護等の体験希望者（決定者）名簿（電子データ用）を特別支援学校に係るものは長野県教育委員会教育長に、社会福祉施設等に係るものは長野県社会福祉協議会長に、それぞれ提出するものとする。

また、受入調整機関の長は、通知書のほか、電子データにより介護等の体験希望者（決定者）名簿（電子データ用）を、県内の大学等の長に送付するものとする。

3　介護等の体験の実施内容等について

（1）実施内容

実施内容は、学生の希望等を考慮の上、特別支援学校又は社会福祉施設等（以下「受入施設」という。）の長が決定するが、その内容としては、学校又は施設における以下の業務に従事する場合を広く対象として取り扱うものとする。ただし、業務従事を伴わない見学等は除くものとする。

ア　障害者、高齢者等の介護又は介助

イ　学習指導の補助、話の相手又はレクレーション活動への参加など障害者、高齢者と

　　　　の交流

　　ウ　受入施設の掃除、設備の整備、洗濯など

　　エ　受入施設の行事への参加、手伝いなど

　　オ　その他受入施設の職員において必要とされる業務の補助

（2）実施時期及び期間

　　実施時期は、毎年度7月1日から3月31日までの間に行うものとする。

　　また、期間は、特別支援学校においては2日間、社会福祉施設等においては5日間の計
　　7日間を原則とする。

（3）実施にあたっての取扱い

　　ア　大学等の長は、受入調整機関の長から介護等の体験決定通知書の送付を受けたとき
　　　　は速やかに、各学生に対しその内容を伝えるとともに、受入施設の長が各学生に連
　　　　絡事項等を送付するための返信用封筒を提出させるものとする。

　　イ　大学等の長は、受入施設の長に対して、介護等の体験受入依頼書（様式4号）に前記
　　　　の返信用封筒を添えて学生の受入れを依頼するものとする。

　　ウ　受入施設の長は、各学生に対して、連絡事項等を事前に知らせるものとする。

　　エ　受入施設の長は、受入れに際し、学生に身分証明書を提示させるなど、本人である
　　　　ことを確認するものとする。

　　オ　受入施設の長は、学生に対し介護等の体験初日において、実施内容の詳細及び留意
　　　　事項等について、十分な指導を行うものとする。

　　カ　受入施設の長は、学生に介護等の体験の継続が困難と認められる行為等があった場
　　　　合には、それ以後の体験を中止することができるものとする。この場合、受入調整
　　　　機関の長及び大学等の長にその旨を連絡するものとする。

　　キ　受入施設の長は、学生の責めによらない事情により介護等の体験の実施が困難とな
　　　　った場合には、残余の日数について、学生と相談した上で後日実施するものとする。

　　ク　受入施設の長は、介護等の体験修了時に特例法施行規則第4条第3項に定める証明
　　　　書（以下「証明書」という。）を学生に交付するものとする。

　　ケ　受入施設の長は、証明書の記載事項を記録した台帳（様式5号）を作成し、これを
　　　　10年間保管するものとする。また、台帳の保管期間中は、介護等の体験修了者から
　　　　の申し出に応じて証明書の再発行を行うものとする。

　　コ　大学等の長は、学生に対し証明書を教育職員免許状申請時まで大切に保管するよう
　　　　指導するものとする。

（4）介護等の体験実施後の報告

　　各年度における介護等の体験の実績について、特別支援学校の長にあっては長野県教育
　　委員会教育長に、社会福祉施設の長にあっては長野県社会福祉協議会長に対して、翌年
　　度の4月末日迄に介護等の体験実施報告書（様式6号）により報告するものとする。

（5）介護等の体験の制度に関する照会

　　介護等の体験の制度に関する照会に対しては、長野県教育委員会高校教育課（教育職員免
　　許状事務担当課）があたるものとする。

　4　その他

（1）介護等の体験に係る経費

介護等の体験の実施に係る経費は、学生本人が負担するものとする。
（2）保険への加入
　　大学等の長は、介護等の体験時の事故に備え、学生を保険に加入させるものとする。
（3）介護等の体験実施連絡協議会
　　受入施設、大学等及びその他関係機関との連携を図り、介護等の体験の円滑な実施に資するため、長野県教育委員会の主催による協議会を開催するものとし、その参集範囲は以下のとおりとする。
　　ア　受入施設の代表
　　イ　長野県内の大学等
　　ウ　長野県社会福祉協議会
　　エ　長野県福祉担当部局（健康福祉政策課、健康づくり支援課）
　　オ　長野県教育委員会（高校教育課、特別支援教育課）
（4）個人情報の取扱いについて
　　各関係機関は、この要領に定める介護等の体験の実施にあたり収集した個人情報を、当該業務にのみ、必要な範囲内で利用すること。
　　また、大学等の長は、学生に対して上記個人情報の取扱いについて事前に説明するものとする。

　附則
この要領は、平成29年度に実施する介護等の体験から適用する。

※各様式は省略してあります

【著者紹介】

庄司 和史（しょうじ・まさし）

信州大学学術研究院総合人間科学系教授
（教職支援センター所属）

　1957年北海道夕張市生まれ。1981年日本福祉大学社会福祉学部卒業。2005年筑波大学大学院修士課程修了。修士（教育学）。1981年北海道札幌聾学校教諭。1988年筑波大学附属聾学校（現国立大学法人筑波大学附属聴覚特別支援学校）教諭。2008年信州大学全学教育機構准教授、2013年同教授、2015年より現職。

　主な著書に「特別支援教育の基礎理論」（共著、教育出版、2017）、「特別支援教育の指導法」（共著、教育出版、2017）、「新生児聴覚スクリーニング」（共著、金原出版、2004）、「教育実習安心ハンドブック」（共著、学事出版、2018）など。

よくわかる教職シリーズ　介護等体験 安心ハンドブック

2018年4月1日　初版発行

著　者 ── 庄司　和史
発行人 ── 安部　英行
発行所 ── 学事出版株式会社
　　　　　〒101-0021　東京都千代田区外神田2-2-3
　　　　　☎03-3255-5471
　　　　　HPアドレス　http://www.gakuji.co.jp

編集担当 ── 二井　豪
デザイン ── 細川　理恵
イラスト ── 後藤　美穂
編集協力 ── 上田　宙（烏有書林）
印刷・製本 ── 電算印刷株式会社

©Syoji Masashi, 2018

乱丁・落丁本はお取り替えします。
ISBN 978-4-7619-2477-5　C3037　Printed in Japan